# El testimonio de la iglesia primitiva

# El testimonio de la iglesia primitiva

## primitiva

**Eberhard Arnold**

Traducción de Raúl Serradell

Plough

Publicado por Plough Publishing House
Walden, New York
Robertsbridge, England
Elsmore, Australia
www.plough.com

**Crédito de las imágenes:** LOS SÍMBOLOS EMPLEADOS para ilustrar los títulos de los capítulos a lo largo del libro están basados en pinturas y grabados encontrados en catacumbas romanas, tal como aparecen reproducidos en L. Perret, *Les Catacombes de Rome* (París, 1851). Ver también Oskar Beyer, *Frühchristliche Sinnbilder und Inschriften: Lebenszeugnisse der Katakombenzeit* (Kassel, Bärenreiter Verlag, s.f.) y Edward L. Cutts, *A History of Early Christian Art* (Londres, Society for Promoting Christian Knowledge, 1893).

Library of Congress Cataloging-in-Publication Data

Names: Arnold, Eberhard, 1883-1935, author. | Serradell, Raúl, translator.

Title: El testimonio de la iglesia primitiva / Eberhard Arnold ; traducción de Raúl Serradell.
Other titles: Ersten Christen. Spanish
Description: Walden, New York : Plough Publishing House, [2022] | Translation of: Ersten Christen | Includes bibliographical references (pages 77-93).
Identifiers: LCCN 2022028055 (print) | LCCN 2022028056 (ebook) | ISBN 9781636080574 (paperback) | ISBN 9781636080581 (ebook)
Subjects: LCSH: Christian literature, Early--History and criticism.
Classification: LCC BR63 .A718 2022 (print) | LCC BR63 (ebook) | DDC 270.1--dc23/eng/20220810
LC record available at https://lccn.loc.gov/2022028055
LC ebook record available at https://lccn.loc.gov/2022028056

## *Prólogo*

¿Qué pueden decirnos los primeros cristianos a quienes profesamos la fe en Cristo en este tercer milenio? ¿Acaso la brecha entre el ayer y el hoy no es demasiado ancha? E incluso si pudiera ser salvada, ¿para qué hacer el esfuerzo? ¿No es ya difícil llevar a la práctica las exigencias del evangelio en nuestros días, mientras intentamos comprenderlas?

Solo el lector será capaz de responder esta pregunta de forma adecuada. Sin embargo, pensamos que los primeros creyentes tienen mucho para decirnos hoy, y que el testimonio que nos han dejado tiene tanta importancia en la actualidad como la tuvo en su día.

---

En el simbolismo cristiano, así como en el simbolismo clásico, la hoja de palma era un símbolo de victoria. Para los primeros creyentes la asociación con el autosacrificio (es decir, el martirio) era igualmente importante: la muerte en los anfiteatros o en la hoguera no significaba una derrota, sino la vida eterna y la victoria sobre los poderes del pecado y la oscuridad.

En el siguiente ensayo, escrito en 1926, Eberhard Arnold describe la vida de la iglesia primitiva. Proporciona el contexto religioso e histórico, analiza la vitalidad de una fe primitiva y espiritual a la luz de su inspiración —las enseñanzas de Cristo y sus apóstoles— y la contrasta con la religión institucionalizada de los siglos posteriores. El cuadro que Arnold presenta refleja una fe y un modo de vida que arden con fervor y devoción. Esos hombres y mujeres mostraron una firme lealtad hacia el reino de Dios y una voluntad de sacrificar todo por su causa.

Los primeros cristianos nos desafían a descubrir en el discipulado un camino que nos aleja de nosotros mismos y nos guía hacia un orden social totalmente transformado. Para ellos implicó una solidaridad en la que hombres y mujeres de todos los contextos sociales, credos y culturas unieron fuerzas para rechazar el espíritu de la época y para entregar su vida por una causa nueva y diametralmente opuesta: el liderazgo de Cristo en la tierra. En un claro contraste con sus contemporáneos paganos (del latín *paganus,* que significa «civil» e implicaba complacencia en las comodidades), ellos se veían a sí mismos como soldados bajo juramento; como luchadores de una batalla mortal contra el príncipe de este mundo.

Leer acerca de los primeros cristianos es enfrentarse a una claridad que limpia el horizonte y nos fuerza a dar una nueva mirada a nuestra propia situación. ¿Qué ídolos nos confrontan hoy mientras nos esforzamos en seguir a Cristo? ¿Qué poderes compiten por nuestra lealtad? Los primeros creyentes eran una amenaza al sistema social, la estructura de poder, la base moral de la sociedad en la que vivían. ¿Lo somos nosotros? Ellos sacrificaron todo —incluso su vida— por el bien de la verdad que ardía en su corazón. ¿Lo hacemos nosotros? Vendieron todo lo que tenían y se lo dieron a los pobres. Luego se reunieron en comunidades estrechamente unidas donde cuidaron a los débiles y a los enfermos, y alimentaron a los pobres. ¿Es posible decir esto de nosotros?

Esperamos que a través del testimonio de este libro la distancia espiritual que nos separa de los primeros cristianos, aquellos primeros seguidores de Jesús, sea acortada; que podamos ser conmocionados y desafiados a analizar nuestra propia naturaleza.

Los editores

*Traducción del prólogo: Claudia Amengual*

J esús trajo al mundo un mensaje fresco y nuevo. Se
trata de un mensaje que proclama tanto el juicio como
el renacimiento. Anuncia un orden social completamente
diferente: el reino venidero de Dios, que llevará a su fin
la actual época gobernada por el hombre. Sin Dios nos
hundimos en el vacío y la frialdad del corazón, en la
obstinación y el autoengaño. En Jesús, el Padre manifestó
su amor hacia nosotros, un amor que desea conquistar
y gobernar todo lo que alguna vez le perteneció. Jesús
llama, urgiendo a una humanidad dividida a sentarse
junta a una misma mesa, la mesa de Dios, donde hay
lugar para todos. Invita a todas las personas a una

---

El barco representa la iglesia. Su significado se deriva del arca de Noé, con
la que salvó a la humanidad de la destrucción, y de los barcos pesqueros
asociados con las historias de Jesús y sus discípulos en Galilea. El mástil y la
botavara forman una cruz, al igual que el crismón en la proa del barco. Un
ave (el Espíritu Santo) guía el barco desde la punta del mástil.

I

comida fraternal y va en busca de sus invitados que están en los costados de los caminos y en los barrios marginales. La futura época vendrá como el banquete de Dios, la fiesta de bodas de Dios, el reino de unidad de Dios. Dios volverá a ser Señor de su creación y consumará la victoria de su espíritu de unidad y amor.

En el padrenuestro, Jesús acude a Dios, nuestro Padre, para que su sola voluntad primordial prevalezca en la tierra, para que la época futura en la que él solo gobierne se aproxime. Su ser, su nombre, serán por fin honrados, porque solo él es digno. Entonces Dios nos liberará de todo el mal del mundo actual, de su crueldad y su muerte, de Satanás, el maligno que ahora gobierna. Dios otorga el perdón de los pecados mediante la revelación de su poder y su amor. Esto nos salva y nos protege en la hora de la tentación, la hora de la crisis para todo el mundo. De este modo, Dios conquista la tierra, con la carga de su desarrollo histórico y la necesidad de sustento diario.

Sin embargo, los poderes oscuros de la impiedad impregnan el mundo actual con tanta fuerza, que solo pueden ser vencidos en el último bastión del poderío del enemigo, en la propia muerte. Por tanto, Jesús nos convoca a su camino heroico de una muerte totalmente ignominiosa. La catástrofe de la batalla final debe ser provocada, puesto que no hay otro modo de expulsar a Satanás con todos sus poderes demoníacos. La muerte de Jesús en la cruz es una acción concluyente. Esta muerte convierte a Jesús en el único líder del nuevo camino que refleja el tiempo venidero de Dios. Lo convierte en el único capitán en la gran batalla que consumará la victoria de Dios.

Hay un abismo entre esos dos campamentos mortalmente hostiles, entre el presente y el futuro, entre la época que vivimos y la era que viene. De ahí que el heroísmo de Jesús sea intempestivo, hostil de todas las maneras posibles hacia el espíritu de la época. Por cuanto su camino somete todo aspecto y toda condición de la vida actual al objetivo venidero del futuro. El tiempo de Dios es en el futuro, aunque se ha manifestado ahora. Su esencia, su naturaleza y su poder se hicieron persona en Jesús, se hicieron historia en él, claramente declarados en sus palabras y victoriosamente defendidos con su vida y sus hechos. Solo en este Mesías se hace presente el futuro de Dios.

El nuevo futuro acaba con todos los poderes, los sistemas legales y las leyes de propiedad actualmente vigentes. El reino venidero se manifiesta incluso ahora allí donde el amor todopoderoso de Dios une a las personas en una vida de fraternidad rendida. Jesús proclamó y trajo no otra cosa que a Dios, no otra cosa que su ley y su orden venideros. No fundó iglesias ni sectas. Su vida perteneció a cosas más grandes. Al señalar el objetivo principal, marcó la dirección. Nos trajo la brújula de Dios, que, al orientarse a partir del norte del futuro, indica el camino.

Jesús llama a las personas a un camino práctico de fraternidad amorosa. Este es el único camino para continuar con nuestra expectativa acerca de aquello que está viniendo. Solo él nos conduce a los otros; solo él vence los obstáculos levantados por el deseo codicioso de poseer, puesto que está resuelto a darse a sí mismo a todos. El sermón del monte[1] describe el poder liberador del amor de Dios allí donde reine supremo. Cuando Jesús envió a sus apóstoles y embajadores, les asignó su misión, sin la cual nadie puede vivir como él lo hizo:[2] en palabras y en hechos debemos proclamar la inminencia del reino. Él confiere autoridad para sobreponerse a las enfermedades y a los poderes demoníacos. Con el fin de oponernos al orden de la época del mundo actual y enfocarnos en la tarea en cuestión, debemos abandonar todas las posesiones y ponernos en camino. El sello distintivo de su misión es la disposición a volverse un objetivo del odio de las personas en la feroz batalla de los espíritus y, finalmente, ser muerto en acción.

Después de que Jesús fue asesinado, el pequeño grupo de sus discípulos en Jerusalén proclamó que aunque su líder había sido vergonzosamente ejecutado, todavía estaba vivo, y seguía siendo su fe y su esperanza como portador del reino. La era presente, afirmaban, se acercaba a su fin; la humanidad ahora se enfrentaba al cambio más importante de su historia, y Jesús aparecería por segunda vez en gloria y autoridad. El reinado de Dios sobre toda la tierra estaría asegurado.

La realidad de este mensaje en la iglesia primitiva se podía ver mediante la operación de los poderes del futuro. La gente fue transformada. La fortaleza para morir, inherente al sacrificio de Jesús, los llevó a aceptar con heroísmo el camino del martirio, y además les aseguró la victoria sobre los poderes demoníacos de maldad y enfermedad. El que resucitó a la vida por medio del Espíritu tuvo una fuerza que estalló en una actitud totalmente nueva hacia la vida: amar a los hermanos y hermanas y amar a los enemigos, la justicia divina del reino venidero. Mediante este nuevo espíritu, la propiedad fue abolida en la iglesia primitiva. Las posesiones materiales fueron entregadas a los embajadores de la iglesia para los pobres. A través de la presencia y el poder del Espíritu, y por medio de la fe en el Mesías, este grupo de seguidores se convirtió en una hermandad.

Esta era su inmensa misión: desafiar al pueblo de Israel ante la inminente catástrofe. De hecho, ante cierta destrucción, toda la humanidad necesitaba ser sacudida de su apatía, de modo que todos pudieran prepararse para la venida del reino. La gente más pobre de repente supo que su nueva fe era el factor determinante, y el momento decisivo de la historia. La iglesia primitiva recibió la fortaleza diaria para su misión de los escritos de la ley y los profetas judíos; la fe del profeta Juan y de Jesús mismo; el testimonio del bautismo; sus comidas comunitarias celebradas para proclamar la muerte de Jesús; y en la oración de la comunidad a Dios y a Cristo. Todas las palabras e historias de Jesús, y todo lo que demandaban fueron contadas una y otra vez. Por ello las fuentes originales para los Evangelios y el Nuevo Testamento se encuentran en la iglesia primitiva.

«¡Señor, ven!» fue su antiguo clamor de fe y anhelo eterno. El que fue ejecutado y sepultado no estaba muerto. Se acercó como el soberano viviente. ¡El Mesías Jesús resucitó de la muerte y su reino irrumpirá en su segunda venida! Ese fue el mensaje de sus primeros seguidores, como Pedro, que dirigió la iglesia de Jerusalén en su fundación.

Los amigos de Esteban, el primer mártir, llevaron este mensaje desde Jerusalén a Antioquía. Como consecuencia, esta metrópolis vecina de cultura griega abrió el camino para la obra de los apóstoles, incluso antes de Éfeso en Asia menor, Corinto o Roma. Fue en Antioquía que sus enemigos acuñaron el nombre de «cristianos» para el «pueblo de Cristo». La sorprendente idoneidad de este nombre, usado para distinguir a los que pertenecían al futuro mesiánico de Cristo, seguramente no pasó desapercibida. Como apóstoles del Espíritu, Pablo y Bernabé fueron enviados desde Antioquía hacia los gentiles. ¿Fueron ellos los primeros nuevos apóstoles después del círculo original de los doce?

El testimonio de Pablo —su proclamación de la cruz, la resurrección, y la libertad y unidad del Espíritu— influyó poderosamente en la iglesia. Su obra se extendió por gran parte del mundo conocido. Fue Pablo quien, bajo el liderazgo de la iglesia en Jerusalén, instituyó una norma de conducta que uniera a los cristianos judíos y gentiles.[3] La prohibición de la promiscuidad sexual, el rechazo de los ídolos como demoníacos, y el repudio de la sangre en los alimentos, constituyeron la unidad práctica entre los judíos y gentiles, una unidad que fue muy importante. Significaba una poderosa victoria sobre el dominio de los demonios, ahora impactada hasta su esencia y expuesta como impureza, idolatría y sed de sangre. Los Hechos de los Apóstoles contienen el pacto escrito de este acuerdo.

No hay una fecha definitiva que marque la frontera entre los primeros años de la iglesia y los apóstoles, y la época siguiente de transición que se aborda en este libro. La extinción de la primera iglesia judeocristiana, en el tiempo de la destrucción de Jerusalén y Judea en el año 70, nos da una fecha aproximada. Santiago, el reconocido líder de las congregaciones en Jerusalén por más de treinta años, y Pablo y Pedro, sus dos apóstoles más fructíferos, habían sufrido el martirio y la muerte unos años antes.

El testimonio de la iglesia original en Jerusalén y sus apóstoles permea todo este período. La continuidad con el espíritu original inspirado por Cristo se manifestó en los elementos esenciales de la iglesia en Jerusalén: el mensaje proclamado por los apóstoles, los relatos que escribieron sobre su obra, los antiguos escritos judíos, el nuevo libro del Nuevo Testamento y, sobre todo, la decidida postura de los apóstoles contra el espíritu pagano del orden existente. La fuerte influencia de la iglesia es tanto más impresionante ya que la primera iglesia (con su cristianismo judío primitivo), pereció entre las dos despiadadas guerras emprendidas por Roma contra los judíos, entre los años 70 y 135. Las persecuciones y los martirios siguientes fueron iniciadas por una judería que al final se volvió fanática.

El nuevo orden de Dios puede irrumpir con todo su
esplendor solo después de un juicio cataclísmico. La
muerte debe venir antes de la resurrección del cuerpo.
La promesa de un milenio futuro está ligada a la profecía
del juicio, que atacará la raíz del orden imperante. Todo
esto surge del mensaje original transmitido por la misma
iglesia primitiva. La tensión es entre el futuro y el presente; Dios y los demonios; la voluntad egoísta y posesiva
y la voluntad amorosa y generosa de Dios; entre el orden
actual del Estado, que asume el poder y control absoluto
mediante presiones económicas, y el reinado venidero
de Dios de amor y justicia. La tensión es entre dos
fuerzas antagónicas que se provocan mutuamente. La era

---

El ave que bebe de un cántaro (generalmente, una paloma) es la versión cristiana de un antiguo emblema clásico. Simboliza la participación del creyente
en el vino del sacramento —que Cristo llamó «mi sangre»— y también alude
a la promesa cristiana de bendición eterna a través del «agua de vida».

presente del mundo está condenada, de hecho ¡el Mesías que va a venir ya ha vencido a su líder! Este es un hecho consumado. La iglesia primitiva legó esta revolución suprahistórica a la próxima generación. Jesús resucitó de la muerte, demasiado tarde se dio cuenta el príncipe de la muerte de que su poder había sido quebrado.[4]

Para los creyentes que vivían en la época de la iglesia primitiva y del apóstol Pablo, la cruz era la única y principal proclamación:[5] los cristianos conocían solo un camino, el de ser clavados en la cruz con Cristo. Sentían que solo muriendo la muerte con él, posiblemente podría llevarlos a la resurrección y al reino.[6] Por eso no es de sorprender que Celso, un enemigo de la iglesia, quedó impresionado de la centralidad de la resurrección entre los cristianos.[7] Luciano, un pagano satírico, se sorprendió de que uno colgado en una cruz en Palestina pudiera haber introducido la muerte como un nuevo misterio: morir con él en la cruz era la esencia de su legado.[8] Los primeros cristianos acostumbraban extender sus manos como símbolo de triunfo, imitando los brazos extendidos en la cruz.

Con la certeza de la victoria, los cristianos que se reunían para la cena del Señor, percibían la alarmante pregunta de Satanás y la muerte: «¿Quién es el que nos despoja de nuestro poder? —Ellos respondían con júbilo—: ¡Aquí está Cristo, el crucificado!»[9] Cuando se proclama la muerte de Cristo en esta comida, significa que su resurrección se hace realidad y que la vida se transforma. Su poder victorioso se consuma en su sufrimiento y muerte, en su resurrección de la muerte y su ascensión al trono, y en su segunda venida. Porque lo que Cristo ha hecho lo hace una y otra vez en su iglesia. Su victoria se perfecciona. El diablo —aterrorizado— debe renunciar a su dominio. El dragón de siete cabezas ha sido derrotado y el veneno del mal ha quedado destruido.[10]

Por eso la iglesia canta la alabanza al que se hizo hombre, que sufrió y murió, resucitó y conquistó el dominio del inframundo cuando descendió hasta el Hades. Él es el «fuerte», «poderoso», «inmortal».[11] Viene en persona a su iglesia, escoltado por las huestes de sus ángeles príncipes. Ahora los cielos están abiertos a los creyentes. Ven y escuchan el coro de ángeles cantores. La continua venida de Cristo a la iglesia en el poder del Espíritu Santo verifica su primera venida histórica y su segunda manifestación futura. Con estremecedor asombro la iglesia experimenta a su Señor y Soberano como un invitado: «¡Ahora ha aparecido entre nosotros!»[12] Algunos lo ven sentado en persona a la mesa para compartir su comida. Celebrar la cena del Señor es, de hecho, un anticipo del futuro banquete en las bodas del Cordero.

El Espíritu ha descendido sobre ellos, y la gracia ha entrado en sus corazones. Su comunión es completa y perfecta. Los poderes del Espíritu de Dios penetran en la iglesia reunida. Se convierten en uno con Cristo, cuando son tomados y llenos por el Espíritu. Ulises, atado al mástil del barco, navegó pasando las sirenas y salió ileso. De igual manera, solo los que se vuelven uno con el crucificado, como si estuvieran atados a su cruz, pueden resistir las tentaciones y pasiones de un mundo sacudido por la tormenta.[13]

Sin embargo, las tribulaciones de todos los héroes griegos no pueden igualarse a la intensidad de esta batalla espiritual. Al unirse al Cristo triunfante, la vida cristiana primitiva se convirtió en la vida de un soldado, seguro de la victoria contra su mayor enemigo en la amarga lucha contra los poderes oscuros de este mundo. Las armas asesinas, amuletos y conjuros mágicos no sirven de nada en esta guerra. El que de verdad cree en el nombre de Jesús, en el poder de su Espíritu, su vida y su victoria, no necesita agua, aceite, incienso, lámparas encendidas, o incluso la señal externa de la cruz para ganar la victoria sobre los poderes demoníacos. Siempre que los creyentes llegaron a la unidad en sus reuniones, especialmente cuando celebraban el bautismo, la cena del Señor y los ágapes (comidas de amor fraternal), el poder de la presencia de Cristo era indiscutible. Los cuerpos enfermos eran sanados, los demonios expulsados, y los pecados perdonados. Las personas tenían asegurada la vida y la resurrección porque eran liberadas de todas sus cargas y se apartaban de sus errores del pasado.

En esa época la naturaleza santa del bautismo y de la cena del Señor no requería formas eclesiásticas. En lo exterior, el bautismo era mucho más parecido a un simple baño que a un rito eclesiástico, y la cena del Señor se parecía más a la hora habitual de la comida. En estos tiempos la congregación reunida escuchaba la confesión de fe apostólica, las lecturas de los escritos proféticos judíos, las palabras del Señor, y los Evangelios. Los testigos llenos del Espíritu daban testimonios, los creyentes invocaban a Cristo en sus oraciones, traían ofrendas y cantaban himnos de alabanza a Dios y a Cristo. Dios respondía con la venida de Cristo y de su Espíritu.

Las ofrendas que se presentaban reflejaban la gratitud y devoción de la comunidad.[14] Los primeros frutos de todas las cosechas y las ganancias —«mucho o poco»— las aportaban incluso los que tenían que sufrir privaciones para poder dar. El líder de la reunión recibía las dádivas de frutas, aves, flores, uvas, pan y vino que cada uno traía a la mesa. Luego lavaban sus manos. Los elementos festivos de la cena del Señor se separaban del resto: los panes se colocaban en tres o cinco hileras sobre la mesa, y el vino se servía en la copa. A veces se mezclaba con agua.[15] El alimento que se usaba para la comida comunitaria era una ofrenda visible de agradecimiento. Junto con oraciones de corazones rendidos, el pan y el vino representaban una solemne coronación. Durante la comida los creyentes participaban de todos los alimentos, dando gracias y alabando a Dios por todo lo que comían.

De esta manera el ágape originalmente se relacionaba con la cena del Señor de pan y vino. Esta «comida de acción de gracias» o «comida de ofrendas», donde las dádivas se usaban inmediatamente para alimentar a los pobres, los profetas y los apóstoles, no tiene paralelo en ninguna otra religión.[16] Ireneo enseñó que estas ofrendas de agradecimiento a Dios son los únicos sacrificios verdaderos y justos.[17] Pero el anticristiano Celso criticaba a los cristianos por ofrecer y comer las primicias y los primeros frutos, pan y vino en sus comidas, mientras rechazaban los sacrificios de sangre como demoníacos.[18]

Los paganos y judíos quemaban sus sacrificios para honrar a Dios; los cristianos los usaban para alimentar a los pobres. Los alimentos ofrecidos en la comida se entregaban incluso a los que estaban ausentes por enfermedad o encarcelamiento.[19]

El espíritu de Cristo traduce el amor a Dios en servicio divino de amor hacia los demás. Quien sirve a los pobres, desamparados y oprimidos, sirve a Cristo mismo, pues Dios está cerca de ellos. Ser amado por Dios significa amar a Dios y al prójimo: comunidad con Dios se convierte en comunidad con los demás. La expectativa del reino da forma a la vida y al servicio en la iglesia, y une a los creyentes en una voluntad común. La verdadera comunidad y la dedicación común son los resultados positivos de oponerse a la era presente.

Tal unidad en el Espíritu no necesitaba formas establecidas. Ya en el primer período, los ancianos y diáconos necesarios para cada comunidad mantenían las responsabilidades que se les asignaban, pero también aceptaban las dádivas impartidas por el Espíritu. Aunque los incansables viajes de los apóstoles y profetas ayudaron a fortalecer la unidad entre las comunidades, la conciencia de ser uno fue creada únicamente por el único Dios, un

Señor, un Espíritu, una fe, un bautismo, un cuerpo y alma dados a todos.

Por medio del Espíritu, esta unidad resultó en una igualdad que tenía sus raíces solo en Dios. Así como la alienación del ser humano de Dios es común a todos, así el Espíritu concede sus dones divinos igual y plenamente a todos. Los que están sujetos a Dios ven toda desigualdad como un incentivo poderoso para convertirse en hermanos y hermanas con un amor perfecto. Los primeros cristianos eran «hermanos» y «hermanas» porque estaban unidos por medio de un solo Espíritu. Ellos eran los «consagrados», «santos», «elegidos» y «creyentes». La misma necesidad y culpa los hizo a todos «pobres». En los primeros tiempos también se les llamaba «pobres» porque su creencia en Dios y su actitud hacia los bienes temporales se consideraban pobreza.[20]

Debido a que los primeros cristianos reconocieron su igualdad en la pobreza y en la gracia, su mensaje fue sencillo. Alcanzó a los criminales más depravados como también a los jornaleros y esclavos menos educados. Los llamó a una sanación total. A los de mente más profunda les dio la revelación plena. La manifestación de los misterios de Dios es un don que se concede con simple claridad. Jesucristo revela a Dios. Al revelar su naturaleza, Jesús es el médico para los enfermos como también para los pecadores.

Quien recibe su Espíritu y se convierte en nueva criatura por virtud del segundo nacimiento está libre y confiado, radiante y sereno, investido de un poder que hace posible lo más difícil y aun lo imposible.[21] En su anhelo por esos viejos tiempos, Orígenes clama:

> ¡Oh, que el Señor Jesús pusiera sus manos sobre nuestros ojos, para que comencemos también a ver no lo visible sino lo invisible! ¡Oh, que también abriera nuestros ojos, para ver no las cosas del presente sino las cosas del futuro! ¡Oh, que nos revelara también esa visión del corazón que percibe a Dios en el Espíritu a través de él, el Señor Jesucristo.[22]

Los cristianos de ese tiempo eran «adoradores de Dios y de la Palabra». Aferrados al Espíritu en lo más profundo de su ser, tomaron sus directrices del futuro. Su fe veía las profundidades de Dios, y por ello el cumplimiento de lo «imposible» era la fuente de su fortaleza. Incluso los paganos (como Macario Magnes) vieron que esto era lo que la iglesia demandaba: «Solo los que tienen fe como una semilla de mostaza, la fe para hacer lo imposible, pueden ser contados entre la hermandad de creyentes».[23]

La igualdad alcanzada por la fe significaba que el mismo creyente que salía de la pila bautismal era considerado puro y santo. El enemigo Porfirio estaba horrorizado de que solo un lavado pudiera purificar a los que estaban llenos de culpa y maldad; de que un glotón y fornicario, un adúltero, borracho, ladrón, pederasta, envenenador, cualquier persona vil, malvada o sucia en otras formas, que simplemente fuera bautizada, invocara el nombre de Cristo, y con eso fuera liberada con tanta facilidad, despojándose tan fácilmente de una culpa tan enorme como una serpiente cuando cambia de piel. «Todo lo que tienen que hacer es creer y ser bautizados.»[24] Sobre este perdón y la completa eliminación de

---

Entre los primeros símbolos cristianos aparece el ancla —con su listón cruciforme o travesaño—, como símbolo del fundamento de la fe de todo creyente en la cruz de Cristo. Su origen también puede estar relacionado con Heb 6:19, donde el escritor se refiere a la «segura y firme ancla del alma».

la culpa, Justino dice: solamente aquellos que de verdad han dejado de pecar recibirán el bautismo.[25] Quien sea bautizado debe mantener el sello puro e inviolable.[26] Esa increíble demanda, esperando un cambio total, solo era posible por la fe en el poder del Espíritu viviente, que desciende a las aguas del bautismo y las convierte en un baño para nacer de nuevo, un símbolo de pureza y nueva vida.

La iglesia primitiva hizo demandas tan severas que cualquiera que solicitaba el bautismo era (de ser posible) iniciado individualmente en el nuevo camino, con su carácter y compromisos éticos dados por el Espíritu. Aprendían a dar testimonio de Dios y de Cristo. *La Enseñanza de los doce apóstoles,* contiene este tipo de instrucción bautismal de principios del siglo segundo.[27] Esa meticulosidad hizo posible que el maestro, equipado con el Espíritu, respondiera con autoridad personal por esos candidatos.

En estas condiciones cualquier cuestión de bautismo infantil solo pudo ser posible después de mediados del siglo segundo. Es un hecho que en el comienzo no hubo bautismo infantil.[28] La convicción de los primeros cristianos dependía de su profunda creencia en el bautismo. Mediante su fe en el Espíritu Santo ellos eran la iglesia de creyentes que podía perdonar todo pecado porque en ella se derrotaba todo pecado. Muchos venían a los cristianos, impresionados por la posibilidad de una manera de vivir totalmente nueva, y buscando un poder que los salvara de sus vidas indignas.[29]

Cada vez más soldados del Espíritu juraban el símbolo del «juramento militar» mediante el bautismo y la confesión de la verdad. Este misterio los unía al servicio de Cristo y a la sencillez de sus obras divinas. A través de la inmersión, los creyentes sepultaban todos los vínculos y participación con sus vidas pasadas. Sumergidos en el agua como símbolo de la sangre del Cristo crucificado, los creyentes aceptaron como propia la victoria de la cruz y su poder para romper con todos los poderes demoníacos. Ahora podían vivir en la fortaleza y el futuro del resucitado. Cada creyente rompió con el *statu quo* y se comprometió a vivir y morir por la causa. Una marcha triunfal de militantes de la nueva era invadió la antigua con verdad y poder. Por medio del bautismo, los cristianos se encontraron en fuerte conflicto con sus familiares: se disolvieron hogares, familias enteras quedaron divididas, se anularon compromisos, y se destruyeron matrimonios. Celso lanzó implacables ataques contra los tejedores, zapateros y curtidores que se enfrentaron a jóvenes y mujeres cuando estaban solos. Los acusó de persuadir a sus «víctimas» con palabras maravillosas para que dejaran a sus padres y maestros con el fin de aprender lo que era bueno de los artesanos en sus talleres. Celso admitió que a menudo lograban su propósito.[30]

Durante este primer período, estos militantes, detestados por todo el mundo, fueron reclutados de la clase media baja, de la clase trabajadora de los esclavos libertos, y de los esclavos domésticos e industriales. Era inusual que gente de las clases altas se uniera a las comunidades cristianas, hasta finales del primer siglo cuando su número fue aumentando gradualmente. Llegaron en cantidades considerables solo después del siglo segundo. En el período de tiempo que abarca este estudio, la difusión real del movimiento se limitaba casi exclusivamente a gente de la clase trabajadora. El valor que la iglesia le daba al trabajo se reflejaba en la composición de sus miembros. Se esperaba que todos se ganaran la vida y aportaran lo suficiente para ayudar a otros en necesidad. Todos tenían que trabajar, pues todos tenían que hacer ofrendas para que todos pudieran vivir. Por lo tanto, la iglesia tenía que proporcionar trabajos. Esta obligación de proporcionar trabajo muestra cómo las comunidades cristianas compartían plenamente su trabajo y sus bienes.[31] Quien no estuviera dispuesto a hacer el trabajo del que era capaz —«el que hiciera de su cristianismo una propuesta de negocios»— no se le toleraba en las comunidades. «Un perezoso nunca puede ser un creyente fervoroso.»[32]

Los creyentes ponían todo su corazón y alma en todos sus actos de amor. La libertad de autodeterminación en su trabajo le dio un carácter totalmente voluntario a toda obra social realizada por los primeros cristianos. Hermas describió el gobierno del Espíritu en la iglesia. Dijo que los ricos solo podían entrar en el edificio de la iglesia después de haberse despojado de su riqueza por el bien de sus hermanos y hermanas más pobres.[33] La riqueza se consideraba tan peligrosa para el bienestar del propietario y tenía que ponerse a disposición del bien común o ser donada. En general los bienes materiales eran vistos como propiedad común, al igual que la luz, el aire, el agua, la tierra, y otras necesidades humanas.

La práctica de entregar todo en amor fue la marca distintiva de los cristianos. Cuando esta declinaba, era vista como una pérdida del espíritu de Cristo.[34] Impulsados por este amor, muchos incluso se vendían a sí mismos como esclavos o iban a prisión como deudores por el bien de los demás. Nada era demasiado costoso para los cristianos cuando el interés común de la iglesia estaba en juego, y por eso tuvo lugar una impresionante actividad en las obras de amor.[35]

De hecho, todo lo que la iglesia poseía en ese tiempo pertenecía a los pobres. Los asuntos de los pobres eran los asuntos de la iglesia; se apoyaba a mujeres y niños abandonados, a enfermos y desamparados.[36] El espíritu de dar voluntariamente, sin límites, era la característica básica del movimiento, y era mucho más esencial que la vida comunitaria resultante y el rechazo de la propiedad privada. Este amor hacía que incluso mujeres cristianas de rango donaran sus propiedades y se convirtieran en mendigas. Los paganos deploraban el hecho de que en lugar de exigir respeto por su riqueza, estas mujeres se volvieran pordioseras, tocando a las puertas de casas de mucho menor dignidad que las suyas.[37] Para ayudar a otros, los cristianos se sometían a sí mismos a las privaciones más duras y nunca limitaban sus obras de amor.[38] Incluso el emperador Juliano tuvo que admitir que «los ateos galileos alimentan a nuestros pobres además de los suyos».[39]

De acuerdo con los cristianos, la posesión privada de la propiedad fue un resultado del pecado. Aunque la propiedad podría ser necesaria para la vida en la actual era demoníaca, los cristianos no podían aferrarse a ella. La despensa privada o el almacén tenían que ponerse a disposición de huéspedes y vagabundos al igual que los fondos de la comunidad.[40] Nadie podía evadir la obligación de la iglesia de extender la hospitalidad. En este sentido cada congregación alcanzaría más allá que su propia comunidad.

Pero también de otras maneras las comunidades ayudaban a sus hermanos y hermanas en diferentes lugares. En los primeros tiempos la iglesia de Roma recibió el más alto reconocimiento de todos los círculos cristianos debido a que «presidía en obras de amor». La rica ciudad capital fue capaz de enviar ayuda en todas direcciones, mientras que la Jerusalén más pobre tuvo que aceptar el apoyo de otras iglesias para satisfacer las necesidades de las multitudes de peregrinos que se amontonaban en sus calles. La relativamente pequeña iglesia de Roma brindó un apoyo regular para mil quinientas personas en penurias económicas durante el año 250.[41]

Incluso en la iglesia comunidad más pequeña, el obispo o anciano tenía que ser amigo de los pobres,[42] y había por lo menos una viuda responsable de velar, día y noche, de que no se descuidara a ninguna persona enferma o necesitada.[43] El diácono era responsable de encontrar y ayudar a los pobres, y recalcar a los ricos la necesidad de hacer su máximo esfuerzo. Los diáconos también servían las mesas.[44] No había excusa para nadie, porque no hubiera aprendido o porque fuera incapaz de hacer este servicio.[45] Se esperaba que todos fueran, calle por calle, buscando las viviendas más pobres. Como resultado, los cristianos gastaban más dinero en las calles que lo que gastaban en sus templos los seguidores de otras religiones.[46]

Todos eran igualmente respetados, juzgados con equidad y llamados en igualdad. El resultado fue la igualdad y la comunión en todo: los mismos derechos, las mismas obligaciones para trabajar, y las mismas oportunidades. Todo esto llevó a una preferencia por un nivel de vida sencillo. Incluso los portadores del espíritu y los líderes que eran atendidos por la iglesia no podían esperar más que la porción más simple de los pobres. El respeto mutuo entre estos cristianos primitivos dio sus frutos en una solidaridad «socialista», enraizada en un amor que fluía de la creencia en la igualdad de todas las personas.

El rango conferido por la propiedad y la profesión se consideraba incompatible con esa fraternidad y simplicidad, y se repudiaba. Por esta sola razón, los primeros cristianos tuvieron una aversión a cualquier alto cargo judicial y a las comisiones en el ejército.[47] Les resultaba imposible asumir responsabilidad por cualquier pena o encarcelamiento, cualquier privación de libertades o derechos, cualquier juicio sobre la vida o la muerte, o la ejecución de cualquier sentencia de muerte decretada por tribunales penales o marciales. Otros oficios o profesiones fueron desaprobados porque estaban relacionados con la idolatría o la inmoralidad. Por ello los cristianos tenían que estar preparados para renunciar a sus ocupaciones. La amenaza de hambre resultante no era menos aterradora que la muerte violenta por el martirio.[48]

Estas consecuencias prácticas se sustentaban en la unidad de palabras y hechos. Surgió un modelo de vida cotidiana que era coherente con el mensaje que proclamaban los cristianos. Lo más sorprendente para el observador de afuera fue la medida en que se superó la pobreza en los alrededores de sus comunidades, mediante las obras voluntarias de amor. No tenía nada que ver con el bienestar social, más o menos obligatorio, del Estado.

La castidad antes del matrimonio, la absoluta fidelidad en el matrimonio y la monogamia estricta fueron cambios igualmente tangibles. Al principio se expresaba muy claramente en el requisito de que los hermanos en puestos de responsabilidad tuvieran una sola esposa. El fundamento del matrimonio cristiano era estrictamente religioso: el matrimonio era visto como un símbolo de la relación del único Dios con su único pueblo, un solo Cristo con una sola iglesia.

A partir de entonces se fue creando una humanidad completamente diferente, que se manifestaba con mucha claridad en el fundamento religioso de la familia como base de toda forma de sociedad. Toda la creación debía avanzar hacia el comunismo de amor, decían los primeros creyentes. Los que son llamados por Dios están profundamente ligados a la revolución venidera, a la renovación de todo el orden moral y social. Se trataba de la afirmación más poderosa de la tierra y de la humanidad. Por medio de su creador y su poder milagroso, los creyentes esperaban la perfección de las condiciones sociales. Esta fue la actitud imaginable más positiva: trabajar para que el perfecto amor de Dios se manifestara universalmente, respondiendo a las necesidades físicas como también a las necesidades espirituales.

Los cristianos sabían que semejante transformación total de todos los valores, tal vuelco de todos los estratos sociales, nunca podría lograrse por el poder humano. Sabiendo esto y teniendo una fe ilimitada en el Dios todopoderoso, su visión fue inconmensurablemente más profunda que cualquier amenaza humana político-revolucionaria a las estructuras de poder imperantes. Pero el mismo hecho de que la suya no era una rebelión basada en la oposición humana y la insurrección violenta —fácilmente aplastada por el poder coercitivo del Estado—, hizo que estos representantes del juicio inminente y la creación de un nuevo orden resultaran aún más

---

El crismón, o monograma de Cristo, fue el símbolo más usado entre los primeros cristianos y, por lo tanto, es el que hoy nos resulta más familiar. Aparece aquí con una T superpuesta (tau) que simboliza la cruz, y con la letra I seguida por N (Iesus Nazareth). El crismón en sí está formado por una cruz y por la letra P (rho), y se piensa que representa la antigua bendición in pace (en paz) o el saludo Pax Christi (la paz de Cristo).

peligrosos. Fueron ellos los que se llamaron a sí mismos «forasteros» y «extranjeros» del Estado y la sociedad contemporánea, «ciudadanos» de un orden «político y suprapolítico» muy diferente. Podría demostrarse que los libros proféticos y apocalípticos que leían, al igual que el propio Apocalipsis de Juan, estaban llenos de una oposición revolucionaria al orden social existente. ¿Acaso no estaban ellos, como autoproclamados siervos y súbditos del Mesías venidero, en directa oposición al culto de adoración al emperador?

¡Sí, sentían que eran «pueblo de Dios», un «nuevo pueblo», un «pueblo del futuro»; el principio, el punto central y el fin de toda la historia humana! Nunca dudaron en manifestar que la unidad de la iglesia que experimentaban sería el poder dominante del reino futuro. Incluso llegaron a afirmar que los consejeros de sus propias comunidades serían capaces de administrar cualquier gran ciudad de Dios, si tal pudiera existir en la era del mundo presente; mientras que los líderes de los gobiernos contemporáneos, con su carencia de moral, mal carácter y pésimo desempeño, no tenían derecho de atribuirse una superioridad administrativa.[49]

La fuerte condena de los cristianos hacia la deshonestidad, impureza, violencia y materialismo en la vida pública sobrepasaba con mucho lo que ellos aceptaban de la ley y el orden existentes, algo que les ocasionó mucho más rechazo. Reconocían al gobierno como una necesidad transitoria, pero lo consideraban únicamente de un valor moral relativo. Estos revolucionarios del espíritu sabían que en realidad eran los mejores aliados del Estado en la causa de la moralidad y la paz mundial,[50] lo que demuestra que tenían una actitud positiva hacia la importancia ética del Estado. Comprendían que hasta que Dios interviniera, no podían cambiar las estructuras del orden actual, ni lograr cualquier mejoramiento sustancial y reformas sociales para las masas. Para ellos, la esclavitud y la opresión social eran solamente una expresión de los males del *statu quo,* solo un aspecto parcial del crimen total perpetrado por el Estado contra la igualdad y la libertad. En protesta, los creyentes daban pleno reconocimiento a sus hermanos esclavos, y a menudo les compraban o les daban su libertad; pero no reconocían ninguna demanda o reclamo legal sobre el fondo común para pagar el rescate. Habría significado permitir que un reclamo legal fuera un sustituto por una vida de fe, esperanza, entrega y sacrificio a la que cada cristiano se había comprometido.

Sin embargo, por más que protestaran o demostraran su lealtad, los cristianos eran inconformes en la sociedad.

Los judíos ya eran una afrenta a la sociedad por su separatismo y su culto a Dios sin imágenes, lo que los convirtió en una «segunda raza». La fe cristiana en Dios fue decididamente un paso más adelante. Carecía incluso del aparente carácter nacional del «Dios judío», con su templo y sus sacrificios. Para los paganos, esto explicaba la vida repulsivamente novedosa que llevaban los cristianos: era atea e irreligiosa. Los cristianos eran vistos como una patente y monstruosa «tercera raza» y acusados de ateísmo intolerable. Esto explica por qué en aquella época el Estado romano combatía a los cristianos como «criminales», «gente desesperada y abandonada», «enemigos públicos», «escoria de las naciones» y «fenómenos monstruosos».

A los ojos de los cristianos, sin embargo, la idolatría religiosa que encontraban dondequiera era el principal crimen cometido por la humanidad. Era el fondo de su acusación contra la era presente y la causa verdadera del juicio venidero.[51] Esto confrontaba la esencia del concepto del Estado como absoluto, el único juez de sus propios intereses, leyes y acciones. Mientras el imperio fuera omnipotente, el César podía ser adorado como un dios, y el Estado y sus leyes se considerarían como cultura, religión y moralidad.

Los cristianos aborrecían y atacaban esta mezcla de religiosidad y patriotismo. Detestaban cualquier religión estatal que obligara a retroceder el gobierno de Dios; repudiaban toda religiosidad influenciada por la política del momento, y luchaban contra cualquier veneración de la estructura de poder existente. Esto incluía cualquier sistema político con un énfasis religioso. Los consideraban como el legado de Babilonia, las obras del pecado y los demonios. Eran nada menos que el Estado del diablo y servicio de Satanás.

Por lo tanto, era inevitable que en respuesta el Estado acusara a los cristianos de alta traición, de ser enemigos de la civilización. Después de todo, ellos declaraban abiertamente que «los emperadores solo podrían creer en Cristo si no fueran emperadores, como si los cristianos pudieran ser emperadores».[52] La creencia en el reino de Dios se oponía fuertemente a la divinización del emperador y al culto del imperio.

Sin embargo, estos mismos cristianos subordinaron al emperador solamente a Dios. Después de Dios, él era el primero en este mundo. Precisamente porque se mantenía en sus filas demoníacas, estaba por encima de todos los dioses paganos. Los cristianos veían el gobierno imperial, incluso el orden existente de la humanidad, meramente como un fenómeno histórico pasajero, y el orden moral del creador como válido incluso en medio del dominio demoníaco de Satanás. Por lo tanto, incluso el gobierno existente (representando esa autoridad) es instituido por Dios. Para los cristianos, es una cuestión de conciencia honrar y respetar la función moral del Estado y su gobernante, pues han sido ordenados por Dios para ser una protección contra los excesos más graves del pecado y la maldad en estos tiempos.

Esta convicción (que se hizo más fuerte en el cristianismo posterior) nunca faltaba, ni siquiera en los círculos más radicales durante los tiempos de graves conflictos. Con el mundo tal como estaba, incluso los más extremistas no fueron anarquistas en el sentido de que querían abolir el Estado tal como existía entonces. Los primeros cristianos conocían solo una forma de desobediencia a la autoridad del gobierno: la resistencia pacífica que todo lo soporta, incluso la muerte. No había otra manera de demostrar su certeza de que los poderes del Estado pueden y serán abolidos por un nuevo orden, y solo por Dios. Ellos asumieron su postura firmemente del lado de este nuevo orden de Dios.

Los primeros cristianos eran revolucionarios del Espíritu, heraldos del juicio final y de la transformación venidera; tenían que estar preparados para el martirio en cualquier momento. Su testimonio significa que tenían que contar con ser sentenciados a muerte por el Estado y la sociedad. Por lo tanto, los «mártires» eran los testigos dispuestos a morir por su fe, los que daban testimonio ante jueces y reyes con la firmeza de los soldados de Dios. Eran mártires, es decir «confesores», aunque no tuvieran que morir. Dar testimonio es la esencia del martirio. Los mártires defienden la verdad de su testimonio como testigos presenciales del Señor y de su resurrección. Ven a Cristo y se convierten en sus portadores del espíritu profético. A través del Espíritu el testimonio de sangre de los mártires se vuelve parte decisiva de la batalla librada por Jesús, la batalla en la que él mismo murió como campeón y líder del futuro. Al morir, finalmente juzgó y derrotó a los poderes hostiles de la era presente. Condenado a muerte por el muy devoto pueblo judío y el Estado romano, Cristo ató y desarmó a los demonios y sus tinieblas por medio de su cruz. Desde entonces, cada nuevo martirio —cada nueva muerte con Cristo— se convierte en una celebración victoriosa sobre las fuerzas de Satanás.

Probablemente es imposible visualizar la seriedad con la que los primeros cristianos asumieron el servicio heroico del Espíritu. El equipamiento militar concedido por el Espíritu era una realidad viviente, y no una mera metáfora. Los dos principios básicos de la vida militar —el derecho al salario militar y el mandamiento contra el involucramiento económico y político— caracterizaba apropiadamente la comisión de Jesús a sus apóstoles. Hizo hincapié en su derecho como soldados de Cristo a recibir provisiones por su servicio (aunque por principio

---

Jesús llamaba a sus apóstoles *pescadores de hombres*. El pez, por lo tanto, representa a las personas que fueron llamadas y salvadas. El pez también hace alusión al bautismo en cuyas aguas los hombres quedan atrapados, como los peces en la red de la iglesia (Tertuliano, *De Baptismo* I). En un acróstico sagrado griego, solo conocido por los instruidos, la palabra *pez* significaba *Jesucristo, el Hijo de Dios, el Salvador.* Las hogazas representan a Cristo, el Pan de la vida. Junto con el pez hacen alusión al relato del Nuevo Testamento acerca de los panes y los peces.

seguían siendo pobres) y les mandó que se abstuvieran de toda empresa comercial y de acumular riquezas y posesiones. La norma de fe comprometía a todos los cristianos a la militancia apostólica y profética del Espíritu. Por ello, los no cristianos fueron llamados «civiles» o *pagani,* de donde proviene la palabra «pagano».

Jesús había anunciado que el beber la copa significaría el bautismo en este baño de sangre. Continuamente la iglesia se reunía alrededor de los mártires como una cena del Señor celebrada con sangre. En cada ocasión, el repulsivo espectáculo de la ejecución se convertía en la victoria solemne de Cristo sobre el dominio de Satanás, la certeza de la resurrección del Señor, ese acontecimiento que garantizaba para siempre el reinado del que murió victorioso. Reunirse en torno a los mártires era la culminación poderosa de las reuniones cristianas primitivas, a pesar de la presencia de la población pagana. Pero Jesús, líder y compañero de lucha, estaba presente en cada reunión pacífica, aunque fuera pequeña. Con frecuencia en tales reuniones, la radiante cruz y las multitudes de gente que observaban la ejecución de Jesús eran casi visibles. Las voces que se alzaron en la crucifixión de Jesús y los gritos de sus amigos y enemigos resonaban desde el Gólgota.

Lo que se veía y escuchaba en esas reuniones llenas del espíritu a menudo conducía a lenguas incomprensibles y acciones que eran difíciles de entender. Sin embargo, dominaba el intenso juicio de la última batalla, dando luz y calor ardiente, y trayendo el aire fresco del futuro. Aquí Cristo estaba realmente presente en persona. Venía en el poder de la Palabra y el espíritu de Dios, y en las virtudes de bondad, pureza y fortaleza.

La Palabra venía por sí misma a través de oraciones, salmos e himnos, y en comentarios sobre las Escrituras hechos por profetas y maestros. El impacto de la verdad implicaba pureza y veracidad en la vida real, y amor en el trabajo práctico. En el entusiasmo jubiloso que irrumpía libremente del Espíritu Santo no había nada de exageración o intoxicación de emociones humanas. Por el contrario, este genuino y emergente poder del Espíritu revelaba la autoridad de Cristo, como el impacto de un resplandor divino que viene de otro mundo. A veces, después de escuchar a los que habían sido enseñados por los apóstoles, multitudes enteras seguían la fe bajo este impacto de Dios.[53]

La claridad de la Palabra divina, el hecho de la salvación, era todo el contenido de tales experiencias entusiastas. A veces, la luz de la verdad fluía de los apóstoles como una fuerza visible cuando se proclamaba la Palabra, se leía el libro de la ley y los profetas, o se cantaban los antiguos salmos de alabanza. Tertuliano describe un ejemplo típico: una hermana dotada con dones proféticos tuvo visiones inspiradas por las lecturas de la Escritura, por las cosas descritas en cantos, salmos y discursos espirituales. La palabra leída en voz alta se hizo realidad ante sus ojos y oídos. Vio al Señor mismo y las huestes de ángeles, la batalla victoriosa de Cristo, y su retorno con los majestuosos ejércitos del cielo.[54] Otros llenos del Espíritu vieron con sus propios ojos cómo un ángel príncipe expulsaba demonios de un peregrino que ayunaba.[55]

Tales demonios a menudo eran vistos como sombras oscuras, humo o serpientes, que mostraban el carácter seductor y calumnioso de las tinieblas. Pero lo que realmente importaba era el efecto moral y espiritual en la gente. Hay una historia de una prostituta que escuchó durante horas los cantos de salmos e himnos, y fue tan profundamente conmovida que quedó quebrantada bajo la carga de su vida y emprendió el nuevo camino.[56] Otra historia cuenta cómo Juan, el anciano de Éfeso, buscó a un joven renegado en las montañas. Al encontrarlo abrazó al joven bandido quien, llorando amargamente,

pidió perdón. Con el poder de su autoridad el apóstol
le aseguró al hombre el perdón y la sanación plenas del
Salvador. Juan se arrodilló y llenó de besos la mano del
bandido. La mano que había empuñado el arma asesina
ahora estaba lavada y limpia de sangre. Lo trajo de
regreso a la iglesia como un ejemplo vivo de arrepentimiento y nuevo nacimiento, un trofeo del poder de la
resurrección de Cristo.[57]

Como muestra esta historia del apóstol Juan, la
presencia de Dios es una realidad concreta en su causa
divina. De lo contrario no existe reverencia por la autoridad del Espíritu Santo. Lo que el Espíritu Santo hace
es idéntico al espíritu de la ley y los profetas, al espíritu
de Jesús y los apóstoles, y a la Biblia misma. Cuando el
Espíritu irrumpe en las vidas de las personas trae la libertad apostólica para obedecer la autoridad dada por Dios.
Esta autoridad garantiza el cumplimiento de la libertad.
Solo existe una voluntad determinante detrás del
misterio del Espíritu cuando obra: Dios mismo, creador,
legislador y soberano venidero. El Espíritu, al revelar a
Dios, invariablemente crea una estricta responsabilidad
moral. La voz interior, iluminada por el Espíritu, que
cada conciencia escucha, es consistente con el propósito
del camino de Dios. Por lo tanto, esta voz sabe cuando

guardar silencio en reverencia para escuchar la voz de Dios, y cuando alabarlo con «rectitud y dignidad».[58]

Siempre que Dios se revela a sí mismo, trae perdón y renovación ilimitados; al principio significa un severo escarmiento y purificación. Había una mujer cuya vida impura e hipócrita fue desenmascarada por el espíritu que obraba en Pablo, fue tirada al suelo y paralizada.[59] Las manos de un hombre joven se marchitaron cuando participó de la comida porque trató de ocultar un acto homicida del Espíritu que todo lo ve.[60] Los apóstoles estaban equipados tanto con el poder para revelar la verdadera condición de una persona como con la autoridad de perdonar; ambos dones eran inseparables; ambos revelaban la verdad. Ser lleno del Espíritu significaba pureza, verdad y amor en la vida cotidiana, y una guía segura en todo lo que hacían. Solamente entonces el Espíritu podía decir lo que había en el corazón de las personas, o pronunciar el perdón de los pecados como si Cristo mismo lo concediera y les diera la fortaleza para una nueva vida.[61] Ya que el perdón significa que Dios mismo quita el pecado, había un poder de Dios que abolía el dominio del pecado.

La comisión de los portadores del Espíritu era proclamar la Palabra, exponer el mal, y traer juicio en cada situación. Se les dio autoridad para perdonar e impartir fortaleza para la sanación y la nueva vida. Como hombres de profecía, pronunciaban la palabra que Dios hablaba.

Todo esto arroja una luz clara sobre el triple don del liderazgo en la iglesia durante los primeros años. Los líderes espirituales fueron primero apóstoles; segundo, profetas; y tercero, maestros. Dios los dio a la iglesia en esta trinidad y en este orden.[62] Primero fueron establecidos en la iglesia primitiva de Jerusalén. Al igual que muchas otras cosas, este orden era de origen judío. Cada uno de estos tres servicios se podía encontrar entre los judíos, que tenían funciones similares, aunque sin la triple responsabilidad del liderazgo.

El respeto incondicional mostrado hacia los maestros judíos es bien conocido. Un maestro cautivo tenía que ser rescatado antes que un padre cautivo; el maestro tenía que ser aliviado de su carga antes que el padre. Para los

La mujer en oración, un símbolo que aparece en el arte de las catacumbas, puede significar la iglesia —identificada con la esposa de Cristo en Apocalipsis— reunida en oración.

cristianos también, los maestros estaban entre los líderes honrados en el Espíritu: se les asignó expresamente el tercer lugar después de los apóstoles y profetas. Ellos también eran portadores de la Palabra de verdad y del Espíritu Santo, y también tenían el poder de engendrar hijos en el Espíritu. Los que solicitaban el bautismo eran llevados ante ellos. En algunas iglesias —incluso en el tiempo de Orígenes— los maestros llenos del Espíritu hablaban libremente en presencia de supervisores y presbíteros. Su función era representar la verdad a través de la misión, y dar una completa instrucción en la Biblia y la confesión de fe. Su tarea era difundir el conocimiento de la nueva vida en toda su amplitud, profundidad y fuerza. Sus instrucciones, que daban voz al espíritu de verdad, eran universales y vinculantes, y tenían un peso muy diferente de cualquier otra cosa que se hablara en las reuniones.[63]

Por ello, Tertuliano no consideraba a los maestros como administradores —supervisores, ancianos o diáconos—, sino más bien entre los líderes dotados con el Espíritu. En su tiempo estos eran los mártires. Tertuliano los consideraba testigos del espíritu profético. Podían ser desconocidos por la iglesia solamente si sus obras no concordaban con sus palabras, o si la confianza arrogante en sí mismos le quitaba el honor a Dios. Por lo demás, los maestros estaban subordinados solo a las órdenes superiores de los profetas y apóstoles, porque a estos el Espíritu les encomendó el don específico de la visión y el discernimiento. Toda la enseñanza inspirada por el Espíritu debía tener el carácter y testimonio del Espíritu, y ningún otro contenido. El poder y la autoridad indiscutibles de los testigos —estremecidos y llenos por el espíritu de Dios— nunca podrían permitir que los instrumentos humanos se convirtieran en el factor decisivo. Solo el espíritu de Cristo tenía que prevalecer.

Cuando el Espíritu obra directamente se revela a la iglesia, que tiene realidad solo en Dios y en el Espíritu. Irrumpe continuamente con su determinación final y en presencia de esa unidad, no se trata de ninguna organización y conformidad humanas. Por eso, en estos primeros años, los términos de líderes, como «supervisores», «presidentes» o «ancianos», no estaban definidos con claridad. La iglesia seguía siendo un objeto de fe para los primeros cristianos, al igual que el Espíritu Santo, el Padre y el Hijo. Este hecho histórico tiene una importancia crucial.

Así que las comunidades cristianas individuales representaban la realidad definitiva de la iglesia, que tiene su vida en Dios. El único orden eclesial válido era la guía del Espíritu que se movía con plena libertad. La iglesia no se debe buscar donde está el hombre, sino donde está Dios; sin embargo, la iglesia divina e invisible tenía su expresión activa en cada reunión de adoración. Ella tiene realidad en el Espíritu como la madre de los creyentes, la novia del Mesías venidero y el cuerpo de Cristo. El Señor es el Espíritu. El Espíritu es la iglesia. Así que Cristo en los miembros se convierte en la iglesia como el «Mesías venidero».[64] La iglesia es la acción de Dios dirigida hacia la humanidad, la manifestación religiosa y social del Espíritu obrando en el mundo.

Esto dio lugar a un orden, una reunión de hombres y mujeres que estaban comprometidos con una forma de vida claramente definida y que pertenecían juntos de por vida. Su compartir práctico fue una expresión de su fe fortalecida y su profundización espiritual. Los maestros se ocupaban de las consecuencias prácticas de un orden comunitario que buscaba el bien común para toda la comunidad.[65] Desde este punto de vista los maestros eran responsables de que todos los cristianos se reunieran diariamente y se congregaran de manera constante.[66]

Teniendo en mente estos propósitos prácticos, los maestros llenos del espíritu también fueron comisionados para defender la enseñanza de los apóstoles, y transmitir su tradición sin alteraciones. Esta era la plomada para la vida de fe, el canon de la verdad que servía para medir todas las cosas. La creencia en la iglesia era una parte integral de la confesión de fe apostólica, que surgió del rito del bautismo. El creyente era sumergido en la muerte de Jesús en el nombre del Padre, del Hijo y del Espíritu Santo.

En los primeros años, este juramento de lealtad se transmitía de boca en boca como una consigna militar. Difícilmente podría haber sido escrito en ese tiempo. En su forma más temprana la confesión tenía nueve elementos. En las siguientes palabras sencillas se confesaba creer en Dios el Padre, el Todopoderoso; en Jesús el Cristo (o Mesías), su Hijo, nuestro Señor; en el Espíritu Santo; en la iglesia, y en la resurrección de la carne (la transformación de la materia en el nuevo reino).[67]

Creer en Dios apunta verticalmente a Jesús, el Príncipe venidero del reino de Dios, y luego al Espíritu Santo en quien Dios en persona está obrando. Creer en el Padre apunta al Hijo y a la iglesia, que, obrando por medio de Dios, es la madre de todos los creyentes. Finalmente, creer en Dios todopoderoso confiesa a Cristo como nuestro Señor y expresa la expectación del reino en la tierra bajo su autoridad en su manifestación más intensa: la resurrección de la carne.

Dios es todo lo que importa aquí; y reconocerlo a él significa reconocer que el Verbo encarnado renovará la creación de Dios. Según los apóstoles, la Palabra proviene de Jesús, y por medio del Espíritu, que reúne a la iglesia e irrumpe en las condiciones humanas. Dios es el único Dios, y el Mesías venidero es tanto el Logos creador como el Jesús histórico. Él es uno y el mismo, es Señor de la iglesia, es el Salvador sanador de todos. «¡Acéptalo, acércate! ¡Vive como él vivió y haz lo que dice!» Los maestros dotados con el Espíritu guiaban a las personas a Cristo, a la iglesia de la sola fe y testimonio, y a una nueva vida gobernada por la ciudadanía divina del futuro.

En las manos de estos maestros, los antiguos escritos judíos apuntaban continuamente en la misma dirección. Estos escritos seguían siendo la fuente de conocimiento para todas las reuniones, para toda instrucción personal, y para la lectura tranquila e individual. Orígenes quería que cada cristiano dedicara a la lectura una o dos horas diarias.[68] El lenguaje sencillo pero poderoso de la Escritura tuvo un impacto transformador en los primeros cristianos. Fueron fortalecidos por los salmistas, por los profetas, con su inspirado conocimiento previo del futuro, por los relatos de la creación del mundo, por el poder ético y divino y la claridad espiritual de los legisladores mosaicos. Taciano, Justino y el autor de la *Proclamación de Pedro* hablaron por muchos cristianos contemporáneos cuando describían cómo se convirtieron a la fe cristiana por medio de estos escritos del Antiguo Testamento.[69]

Desde el principio, las antiguas profecías bíblicas, su cumplimiento, y las todavía más poderosas buenas nuevas, fueron la esencia de la enseñanza del Espíritu. Por todas partes se transmitían de persona a persona los «dichos del Señor» y las historias sobre los acontecimientos de la vida de Jesús (Papías poseía una colección excepcional).[70] Las llamadas «memorias de los apóstoles» por Justino, fueron la forma original de los Evangelios como los conocemos. Las memorias de Jesús, llamadas «Evangelios» en una fecha temprana, pronto fueron aumentadas por las cartas apostólicas, de manera que los primeros maestros de la cristiandad pusieron los fundamentos permanentes del Nuevo Testamento. Los primeros apóstoles y profetas tenían el mandato de enseñar la palabra dada por el Espíritu. Los maestros la presentaban, la interpretaban y la proclamaban.

Está claro por su comisión que los maestros fueron puestos después de los profetas y apóstoles, particularmente después de los apóstoles. Su compromiso también era diferente. Mientras que los apóstoles no poseían nada y viajaban constantemente, a los profetas solamente se les demandaba renunciar a sus posesiones. Sin embargo, los maestros no necesariamente renunciaban a sus propiedades ni emprendían el camino. Debido a que la vida itinerante de los apóstoles tuvo tanta influencia, el cristianismo primitivo ha sido llamado con razón una religión itinerante, que recorría el mundo entero. Los viajes de los apóstoles eran una inspiración a la misión para los demás cristianos. Esta vivida interacción, con el intercambio de sus cartas y escritos, explica cómo mantuvieron el mismo vínculo entre todas las comunidades. Orígenes todavía enfatizaba que los apóstoles y profetas viajaban de pueblo en pueblo, y asumían las dificultades que implicaban esos viajes, aceptando apenas las necesidades de la vida incluso de los creyentes.

La intensidad de la lucha y la misión cristiana primitiva necesitaba este ejemplo de los apóstoles. El ayuno y una vida de celibato eran a menudo el resultado del autocontrol en corazones que fueron impulsados a vivir a la altura de la grandeza de esta misión. Las cuatro hijas profetisas de Felipe, que eran vírgenes, y posteriormente las profetisas montanistas, también vírgenes, ejemplifican la vida de muchos apóstoles y profetas en ese tiempo. Pero esta autodisciplina de los cristianos para el propósito del reino no debe confundirse con el ascetismo de tiempos posteriores, que fue valioso por su propia causa. No buscaban la redención mediante ejercicios ascéticos y religiosos, sino concentraban todos sus poderes en profetizar el reino venidero, moderando todas sus energías para la ardua batalla de los espíritus a la que fueron llamados. Todas sus energías se enfocaban en una meta: la misión inmediata. Los profetas buscaban una cosa: que Dios sea escuchado y que él mismo hable y actúe.

Las personas que tomaban con toda seriedad este llamado de Dios no podían permanecer ocultas. Paganos como Luciano sabían de profetas que proclamaban su palabra dada por el Espíritu en reuniones de culto así como en sus viajes.[71] De su propia experiencia, Celso cuenta de muchos profetas en su tiempo que profetizaban en lugares santos y se movían en las ciudades y viajaban por los caminos. Cuando entraban en éxtasis la palabra de Dios y de Cristo hablaba a través de ellos:

Soy Dios, soy el Hijo de Dios, soy el Espíritu de Dios. He venido porque la destrucción del mundo está cerca. De esto les salvaré. Pronto me verán regresando otra vez con poder celestial cuando el fuego del juicio descienda sobre la ciudad y la tierra.[72]

El diluvio espiritual inicial de la profecía cristiana se fue desvaneciendo lentamente hasta que a finales del siglo segundo se extinguió su fuerza. Melito de Sardis fue uno de los últimos en llamarse a sí mismo profeta. La profecía judía también había declinado solo algunos años antes, después de la destrucción de Jerusalén. Hasta ese tiempo había existido una inmensa actividad profética. Se ha preservado en los nombres de ciertos profetas judíos y en la abundancia de revelaciones y oráculos judíos contemporáneos de esa época. Sin embargo, estos carecían del poder y la autoridad de los profetas de antaño porque servían meramente para un propósito literario. Ahora eran los profetas cristianos los que afirmaban la autoridad del Espíritu Santo, que hablaba por medio de ellos como la voz de Dios.

¡Qué poderosa realidad fueron Dios y el Espíritu Santo para esas comunidades primitivas! Un fragmento antiguo describe el espíritu profético común tanto en apóstoles como en profetas, que Orígenes atribuye después solo a los apóstoles:[73]

El espíritu profético es lo que hace que el orden profético de la vida se establezca firmemente en un cuerpo. Dota al cuerpo de la carne de Jesucristo con un alma viviente.[74]

El cuerpo de Cristo como iglesia viviente es de hecho la realidad determinante dada por Dios. Esto depende enteramente de la fe; la iglesia como un cuerpo recibió su alma por el espíritu de los apóstoles y profetas.

Sin embargo, la misión principal de los embajadores apostólicos no les fue encomendada a los profetas: en todos los tiempos la importancia del llamado apostólico supera el de los profetas. Lo que fue dicho de los profetas fue igualmente cierto de los apóstoles. Los apóstoles también tenían el espíritu profético, y eran profetas y maestros. Pero Dios les encomendó tareas que superaban con mucho el profetizar y enseñar. La función de embajadores de los apóstoles conllevaba mucho más peso que la misión de la profecía, y era mucho más importante que el oficio de la enseñanza. Iba mucho más allá de la profecía porque, más allá de todas sus tareas, solo ella tenía el poder de poner los cimientos de la iglesia. El apóstol Tadeo dijo que guardaría silencio en un círculo pequeño, porque sabía que había sido enviado a proclamar la Palabra en público. Por lo tanto exigió que todos los ciudadanos de la ciudad se reunieran. «Entonces, hablaré con ellos.»[75]

Eusebio relata cómo esos hombres, consumidos por un amor ardiente y haciendo lo que Jesús les dijo, repartieron sus posesiones entre los pobres y se dispusieron a proclamar a Cristo a los que nunca habían escuchado de él. Tan pronto como nombraban pastores en un lugar, se movían hacia la gente en otros lugares.[76] La misión de los apóstoles al mundo entero incluía a todos. Se les encargó fundar y edificar iglesias comunidades en todo lugar. De todos los portadores inspirados de la Palabra, los apóstoles eran los líderes en todo el mundo. La obra de estos primeros embajadores del Mesías fue vista como muy esencial, tan exclusivamente dada por Dios, tan parte de la fe en el Espíritu, que su trabajo fue incluido en la confesión de fe.[77] Solo Dios y Cristo mismo podían llamar a los hombres a un apostolado de tal importancia. A través de los primeros apóstoles, la autoridad del Espíritu obraba milagros tangibles y la iglesia se edificaba visiblemente en todas partes, lo que demostraba sin lugar a dudas que su llamado era de Dios. Es mucho más sorprendente que la *Enseñanza de los doce apóstoles* y el *Pastor de Hermas* usen el término «apóstol» en un sentido mucho más amplio que las generaciones posteriores.[78] Pero Dios llamó a otros, nuevos apóstoles, incluso después de haber enviado a los doce y a Pablo. Tertuliano y Orígenes lo confirmaron y le dieron el nombre de «apóstoles» a los setenta discípulos en los Evangelios.

El mandato de los apóstoles cristianos, dado por Dios, se elevaba por encima de todo lo demás. El hecho de que la palabra «apóstol» se aplicaba originalmente al judaísmo no cristiano pone de relieve este aspecto. La tarea de los apóstoles judíos, no obstante, se limitaba a llevar cartas desde la sede en Jerusalén a los judíos de la diáspora en todo lugar, recaudar las contribuciones para la sede central, ejercer funciones disciplinarias y de supervisión, y mantener el vínculo de todos los judíos con Jerusalén. De la misma manera, la iglesia primitiva de Jerusalén, la sede central cristiana, con Pablo como apóstol, le encargó la muy conocida obligación financiera a él, así como la función en la toma de decisiones del «concilio apostólico». Sin embargo, la autoridad del reino, la realidad de Dios, respaldaban al embajador y enviado apostólico. Sus tareas eran mayores. Por lo tanto, ambos, el trabajo llevado a cabo por los apóstoles y el poder dado a ellos, tenían que ser igualmente poderosos. No se puede comparar con el apostolado judío, que era puramente organizativo.

La misión de los apóstoles era revelar la verdad de Dios

directamente por medio del Espíritu. Así que se convirtió en el fundamento de toda la visión de fe de la iglesia. Los apóstoles eran los que supervisaban la iglesia y ejercían la disciplina. Por lo tanto, por esa razón su misión significaba unidad y libertad para las comunidades cristianas. Por ser un mandato dado por Dios, el poder apostólico se reveló en obras milagrosas como las de Cristo: los cojos caminaban, los ciegos veían, los sordos escuchaban, los enfermos sanaban, los muertos resucitaban, se expulsaban demonios. Todo esto demostraba que Jesús estaba personalmente en los apóstoles, a través de la inmediatez de su espíritu obrando en ellos. Se llevó a cabo la sanación real del pecado y la debilidad, demostrando que las noticias apostólicas eran la medicina de Dios, la restauración de Dios a la salud y una nueva vida en él. Los apóstoles no sanaban con hierbas o drogas, ni magia, sino solamente por medio de la fe en Dios. Con la imposición de manos, los apóstoles proclamaban a Cristo el sanador. Y esto hacía toda la diferencia. La naturaleza combativa de la misión apostólica a menudo dejaba que las enfermedades llegaran a un clímax peligroso. Cuando el carácter demoníaco subyacente en la enfermedad había estallado de la manera más espantosa, el poder de la sanación era mucho más dramático.

Los apóstoles y profetas recorrieron el mundo para echar fuera demonios. Los primeros cristianos sabían que los malos espíritus operaban detrás de lo demoníaco y las enfermedades mortales de la era presente. Dirigidos por un principado espiritual, el maligno opera para destruir a la humanidad a través de la enfermedad y la corrupción, arruinando la mente y el alma, y destruyendo la moralidad. Nuestra era de verdad está dominada por el poder del maligno. Él es el dios de este mundo, el espíritu que controla a la humanidad. Los dioses paganos son demonios, y las condiciones y asuntos públicos están bajo su influencia. Se oponen con hostilidad al creador y restaurador del mundo, pero los apóstoles desafiaron esos poderes a una batalla decisiva. Lo pudieron hacer porque tenían la certeza de la victoria. Cada demonio fue derrotado y echado fuera por medio del nombre de Jesucristo.[79] El hijo de Dios se hizo hombre para destruir a los demonios y las obras del diablo.[80] Por lo tanto, hay mucho más en juego que la sanación de las personas individuales. La cuestión vital es purificar la atmósfera de la tierra, liberar toda la vida social y política, y ganar por completo a nuestra presente generación mundial.

Solo el cristiano tiene poder sobre el furioso enemigo y sus huestes,[81] porque él revela el poder supremo de Cristo,

que tienen que reconocer los poderes demoníacos.[82]
Porque cada creyente cristiano es capaz de desenmas-
carar a los demonios, y ningún demonio puede resistir
sus ordenes ni persistir en cualquier engaño. Los demonios deben rendirse ante los siervos de Dios, porque ellos
temen a Cristo en Dios y a Dios en Cristo. Con miedo,
ira y dolor abandonan su dominio cuando se proclama al
crucificado:[83]

> Si tan solo pudieran escuchar a los demonios y ver lo que
> pasa cuando son expulsados de los cuerpos poseídos,
> exorcizados por nosotros como si fuesen torturados por
> los azotes del Espíritu. ¡Aúllan y gimen bajo el impacto
> del poder divino, sienten el flagelo del poder de Dios y
> confiesan el juicio por venir! Vengan y vean la verdad de
> lo que decimos. Verán cómo nos ruegan aquellos a quienes
> ustedes suplican, y nos temen aquellos a los que ustedes
> temen y adoran.[84]

Una vez más, la militancia de esta singular batalla espiritual irrumpió al final de nuestro período en el movimiento de renovación a menudo llamado «montanismo», en honor a uno de sus líderes. Este movimiento, originado en Frigia, afectó a las regiones más importantes de la cristiandad contemporánea, especialmente en Asia menor, Galia y África. Durante un tiempo, dominó iglesias enteras, como la de Tiatira. Algunos líderes de la iglesia se mudaron al campo con sus congregaciones, donde vivían juntos y se cuidaban unos a otros, llenos de la expectativa del reino. Incluso

---

El par de sandalias o de zapatos representa la misión y la proclamación de la Palabra; es un símbolo infrecuente que solo se ha encontrado en algunas catacumbas. También puede aludir a la vida itinerante de los primeros apóstoles y del propio Cristo. En el simbolismo clásico y del cristianismo primitivo las sandalias también representan el pasaje del hombre hacia la «próxima tierra», es decir, su viaje a través de la vida en la tierra, y la muerte, hacia la vida eterna.

Roma, en un intento de preservar el poder y el espíritu de este movimiento para la iglesia institucional, preparó una carta de reconocimiento, pero nunca la envió.

Aquí nos enfrentamos a la crisis históricamente necesaria de la escatología cristiana primitiva. El montanismo fue la última erupción poderosa de una intensa expectativa del futuro de Dios; los profetas montanistas esperaban con fervor que Dios interviniera y transformara todas las condiciones y relaciones. Esta convicción y fe heroica se manifestó de nuevo cuando trataron de recuperar la libertad del Espíritu dada por Dios, la cual, como se promete en el Evangelio de Juan, debía guiar la unidad de la iglesia a través de la nueva profecía. Originalmente este movimiento no tenía la intención de separarse del cuerpo de la cristiandad. Por el contrario, fue un movimiento interno de la iglesia.

Por encima de todo, el movimiento buscaba lo mismo, la fe original de los apóstoles. Como los primeros apóstoles y profetas, la nueva profecía del montanismo buscaba defender las antiguas escrituras de la ley y los profetas, el Nuevo Testamento (que estaba en proceso de ser definido más claramente), y la norma de fe, que se desarrollaba gradualmente, en contra de todos los ataques y perversiones. Solo cuando su significado parecía oscuro (especialmente en las cartas paulinas), la nueva profecía trató de clarificarlo por medio del Espíritu.

Sin embargo, en el último momento la iglesia institucional de Roma se opuso a esta renovación del Espíritu. Y al mismo tiempo el movimiento montanista degeneró en una secta. Como un grupo de profetas, cada vez más formalmente organizado, se volvió estrecho, legalista y moralista en extremo. Este efecto recíproco hizo de la separación un punto de inflexión en la historia del cristianismo primitivo.

Para este estudio, el reinado del gran emperador Marco Aurelio (quien murió en el año 180) se considera el período final de la era cristiana primitiva. El cambio básico de dirección que condujo a la iglesia institucional se manifestó en numerosos síntomas agudos. Debemos describir aquí los más importantes para marcar el límite de nuestro período.

A partir de entonces grandes multitudes estaban involucradas. Las mismas demandas de los primeros seguidores llenos del Espíritu ya no se podían hacer a las masas. La cuestión que surgió ahora fue cómo preservar y promover el cristianismo en este mundo, en virtud de que la renovación esperada de Dios se demoraba en llegar. La iglesia institucional emergente concluyó que su misión era llevar tanta luz como fuera posible a todos los estratos de la humanidad, aun si esto significaba que el nuevo amanecer del Creador y su día venidero quedaran oscurecidos por la penumbra del ocaso litúrgico. Como contraparte, las sectas emergentes trataron de continuar la lucha clara y aguda de los primeros cristianos sin atenuar la luz, aunque, en su esfuerzo, la luz del mundo quedara oculta bajo la sombra de la estrechez y el separatismo.

Con este giro de acontecimientos, se desató la maldición que pende sobre la historia de la iglesia organizada: la maldición de la tergiversación mutua y desamorada. Se cambió el propósito de Cristo de unir a la gente en amor para dar lugar a la división fanática, odio e injusticia. La iglesia institucional emergente fue incapaz de soportar el espíritu de la verdad decisiva, que dio lugar a la secta. La secta, por otra parte, fue incapaz de soportar el espíritu del amor difusivo, que conduce a la formación de una gran institución eclesiástica. Esto marcó el comienzo de la caza de herejías, tan característicamente «cristiana», pero tan absolutamente «anticristiana». Resulta claro por qué los montanistas desconfiaban de la mundanalidad creciente en la iglesia institucional; por el otro lado, la censura y desconfianza de la iglesia institucional contra la libre operación del Espíritu tiene causas históricas que son igualmente importantes.

Hacia finales del siglo segundo, había muchas razones para buscar protección de la influencia de los falsos espíritus proféticos. Una corriente de misticismo pagano, proveniente de las religiones helenísticas y orientales, inundó las comunidades cristianas con especulaciones filosóficas y conjuros de ritos mágicos. La iglesia institucional vio un momento de peligro y tentación sin precedentes en esta ola de gnosticismo. Solo podía compararse a la crisis causada por el legalismo judío, que Pablo tuvo que superar en su tiempo. Nadie en la iglesia, ni en el movimiento montanista, quería estar asociado de ninguna manera con esa mezcla satánica. En nombre de un falso espíritu de conocimiento (reconocido justo a tiempo), las iglesias comunidades fueron casi destruidas y dejadas en manos de demonios. Se dice que el anciano Policarpo exclamaba a menudo: «¡Dios mío, para qué tiempos me has preservado, que debo soportar estas cosas!».[85] Incluso llegó a llamar a un líder del movimiento gnóstico el primogénito de Satanás.[86] Bajo ninguna circunstancia los cristianos iban a reconocer algo de «cristiano» en esta «gnosis» o «conocimiento misterioso», ni siquiera como otra versión del cristianismo.

El más mínimo contacto con esos falsificadores se consideraba extremadamente peligroso. En Éfeso Juan huyó de un edificio, temeroso de que le cayera encima, porque uno de esos enemigos de la verdad estaba dentro.[87]

Al recopilar los textos para este libro hemos descartado esta mezcla gnóstica de paganismo y cristianismo, aunque es un hecho que la iglesia institucional incorporó muchos elementos paganos dentro de sus prácticas religiosas en esa época y después.

Al final del período cristiano primitivo, la cristiandad se defendía a sí misma contra las incursiones peligrosas principalmente de dos maneras: estableciendo el dogma y la forma literaria de los credos y los escritos del Nuevo Testamento, y consolidando el poder de los obispos. Este punto marcó el fin de la época de la revelación más primitiva, la época creativa cuando Dios estableció nuevos hitos en la historia. El Nuevo Testamento consolidó su forma primaria entre los años 140 y 200. Desde entonces fue visto como el don autoritativo del Espíritu e incluso venerado por encima del Antiguo Testamento. De hecho, fue un fruto maravilloso de la época creativa del cristianismo. Al mismo tiempo que se estableció el credo apostólico, se puso por escrito la norma de fe, que se fue ampliando gradualmente.

En ese primer período, ahora irrevocablemente transcurrido, el mensaje de la revelación cristiana primitiva quedó registrado para siempre en estos dos documentos. Aquí el Espíritu forjó una vez más las armas afiladas utilizadas en el tiempo de batalla, que a partir de ahora se usaban principalmente contra las falsas enseñanzas, y no menos contra aquellos en la misma iglesia institucional. Estaban incluidos el Apocalipsis de Juan, los Evangelios, Hechos de los Apóstoles y las cartas apostólicas. En conjunto se convirtieron en el libro revolucionario del Espíritu, con la tensión de la expectativa del futuro. De hecho este libro —antagónico para esta época— sigue condenando la Babilonia de nuestro tiempo. Se asume que el lector tiene acceso al Nuevo Testamento. Esperamos que este estudio contribuya a una comprensión más clara del Nuevo Testamento como el libro de la revelación cristiana primitiva.

Otra medida de protección contra los peligros que amenazaban en ese tiempo era transformar la iglesia en una organización mediante el oficio del obispo. En las primeras comunidades cristianas (edificadas sin intención de permanencia y preparadas para la vida itinerante en cualquier momento), el peligro de la desunión fue superado por el liderazgo del Espíritu dado a los apóstoles, profetas y maestros, y por el amor fraternal que reinaba entre todos los miembros de la iglesia. A partir de ahora, la organización del gobierno monárquico del obispo, sus decretos sinodales, y finalmente el ascenso del Papa, garantizaron la uniformidad del mundo católico. Los obispos se declararon a sí mismos como los legítimos sucesores del apostolado y del espíritu profético; y el espíritu fue restringido a su oficio. Sin este mito, su oficio nunca hubiera ganado supremacía. El Espíritu que obraba con libertad y la iglesia de Dios como el cuerpo del invisible fueron remplazados por una realidad diferente: la iglesia visible de los obispos. Ireneo definió esta iglesia episcopal de acuerdo con sus atribuciones: la enseñanza de los apóstoles, el sistema de la iglesia, la sucesión de los obispos y la tradición perfecta de las Sagradas Escrituras. Ya en esta época no se toleraba ninguna adición o condensación de las Escrituras. Ireneo consideraba que cada obispo era nombrado por los apóstoles a través de la sucesiva imposición de manos.[88]

Teodoro de Mopsuestia describió la muerte sucesiva de apóstoles y profetas y el creciente poder de los obispos para gobernar la iglesia: después de la muerte de los primeros apóstoles, la debilidad de los apóstoles de la segunda generación fue evidente en el debilitamiento de su poder para obrar milagros. Como resultado, renunciaron voluntariamente a su liderazgo, transfiriendo parte de su autoridad a los supervisores de la iglesia, quienes se convirtieron en obispos provinciales.[89] De hecho, el poder de los sínodos provinciales se afianzó por primera vez en la lucha contra el montanismo. Esto nos lleva de nuevo hacia el fin de nuestro período.

Este cambio se ha reconocido como un ultraje cometido por la iglesia organizada contra la verdad fundamental: a partir de entonces, por virtud de la constitución episcopal, un individuo se convierte en ley para el todo. Ahora esas partes humanas individuales construyen el todo, como una torre construida por manos humanas. Los primeros síntomas de la institución del papado, la cúspide misma de esta estructura, ya eran evidentes en el año 180, fecha en que termina nuestro período. En el 190, Víctor, el obispo de Roma, puso los cimientos de ese edificio eclesiástico al excluir de la iglesia a todos los que se rehusaban a aceptar la práctica romana de la Pascua. Alrededor del año 200, Tertuliano todavía consideraba que todas las sedes apostólicas tenían el mismo estatus, mientras que ya para el año 220 se sentía obligado a atacar el creciente poder del papado en el obispo de Roma. Incluso la juanina Asia Menor, que hasta entonces había sido el centro mismo del mundo cristiano, ahora retrocedía ante la pujante influencia de la sede de Pedro. El cristianismo judío se volvió sectario y a partir del 135 ya no pudo ejercer ninguna clase de influencia. Tertuliano todavía consideraba a todos los cristianos como sacerdotes y sacrificadores, y por lo tanto con el mismo derecho a la comunión de la paz, al nombre de «hermano», y a la mutua hospitalidad. Según su punto de vista, la autoridad para perdonar pecados todavía pertenecía a los portadores del Espíritu.[90] Y esta autoridad para perdonar pecados se convirtió en la base para la ley eclesiástica de los obispos, un hecho claramente reconocible para el año 375.[91]

Aunque parecía externo al principio, el creciente poder de los obispos se afianzó con una posición firme. Hacia el cierre de nuestro período se impuso una proliferación increíble de ceremonias eclesiales y una nueva clase de piedad totalmente distinta.

El bautismo infantil, también, puede rastrearse a la época inmediatamente posterior. Reemplazó el bautismo por inmersión, que había sido tan significativo hasta entonces. Era un concepto totalmente diferente del «sacramento» del bautismo y su misterio. Ahora el bautismo se convirtió en un valor en sí mismo, significando la aceptación en la iglesia de Dios y todos sus instrumentos de gracia. Con el bautismo infantil, se comenzaron a usar nombres cristianos; mientras que antes el nombre «cristiano» se usaba simplemente junto al antiguo de pagano.

Ya en el año 170, Celso señaló que los cristianos no tenían altares.[92] Pero para el año 200, la mesa a menudo se llamaba «el altar». La cena del Señor ya había sido separada de la comida comunitaria después de mediados del siglo segundo. Originalmente una ofrenda de corazones agradecidos y dádivas tangibles de todos los creyentes, se cambió (al final del siglo) por el sacrificio de la misa ofrecida por el sacerdote. La transubstanciación y la recreación sacerdotal del sacrificio del cuerpo y la sangre ahora tomaron el lugar de la presencia de Cristo y la venida del Espíritu sobre la iglesia reunida. El Espíritu y el Cristo crucificado ahora se materializaron en la sustancia de la hostia y el vino como *Corpus Christi*. En el siglo tercero, el cambio de la celebración primitiva de la comida a la misa católica estaba todavía en proceso.[93] Todo el ritual de la misa, con todo su misterio y sus asombrosos sacramentos, muestra con mayor crudeza que nada cómo fluyeron juntas todas las corrientes religiosas paganas en la iglesia institucional. Como resultado, la religión sincrética de la iglesia ofrecía una satisfacción religiosa para las necesidades de redención y salvación de la gente.

La expectativa del futuro reino de Dios se había extinguido. El ego motivado religiosamente ahora se nutría de las creencias ultramundanas de la iglesia. Con toda la autogratificación religiosa del creyente, la divinidad estaba amenazada con desaparecer. Había una distancia insalvable entre esta vida y la vida en el más allá.

Junto con los cultos místéricos orientales, estaba la filosofía griega —especialmente de Platón— que ejercía una influencia cada vez mayor en esta dirección. De nuevo entre los años 180 y 250, el cristianismo de las iglesias se convirtió en un gran poder en los campos del saber y la literatura, absorbiendo ampliamente la cultura y filosofías contemporáneas. Al mismo tiempo que encontraba favor entre los educados, se apartaba del mensaje central del reino de Dios. Ya en el siglo tercero, hombres como Ireneo, Hipólito y Tertuliano trataron en vano de restablecer la pureza de la verdad cristiana original. Otros creyentes, despectivamente llamados «ignorantes», «incultos» e «ingenuos», siguieron protestando contra la invasión del saber, pero fue en vano. Con el tiempo, incluso esta gente sencilla se desanimó.

Ya no tenían la fuerza para el empeño religioso, que en los primeros tiempos había surgido de la expectativa del futuro reino de Dios.

La iglesia se contentaba con desarrollar una moralidad tolerable de clase media para las masas. Desde el siglo tercero, el sagrado sacramento de la penitencia ofrecía el consuelo del perdón una y otra vez. La iglesia institucional alcanzó un gran éxito, su creciente identificación con toda la sociedad contemporánea significaba que en términos generales uno tenía cristianismo sin ser cristiano, y que uno no tenía cristianismo aunque se llamara cristiano. Finalmente, al concluir el período cubierto en este estudio, la iglesia había «dejado de ser la virgen de Cristo».[94] En consecuencia, se hablaba de un llamado santo, de sacramentos santos y de santas Escrituras, pero ya nadie tenía el valor de llamar «santos» a los cristianos.

El poder subyacente de la santificación —amar a Dios y a los hermanos—, que existía en los primeros tiempos, ahora se transformó en un ascetismo monástico y en la piedad cristiana de las masas. La ética cristiana se dividió de manera dualista, rechazando y aceptando al mundo simultáneamente. El mundo, después de todo, seguía sus propias leyes y por lo tanto permaneció en cualquier caso sin cambios. La iglesia tuvo que aceptar el *statu quo,* tratar de fermentarlo y de utilizarlo. Algunos reaccionaron a esto, rechazando el mundo de los sentidos (que en su opinión parecía cada vez más hostil a Dios), y adoptaron el ascetismo para su propia causa. Por otro lado, el compromiso, la sabiduría mundana y el realismo pronto produjeron el familiar carácter conservador del cristianismo eclesiástico. Una vez más, el año 180 marca un punto de inflexión en la postura social y política de la iglesia. A partir de entonces, los cristianos ejercían cada vez más poder e influencia en los asuntos políticos y públicos; ya no eran criminales a los ojos del Estado como los primeros cristianos.

Como parte de la *Enseñanza de los doce apóstoles,* utilizada en la instrucción bautismal, el sermón del monte enfatizaba el abismo insalvable que divide los caminos de la vida y de la muerte. Pero ahora el sermón del monte quedó cada vez más olvidado en el trasfondo. El ideal cristiano primitivo de un comunismo de amor no se abandonó por completo; Juan Crisóstomo lo ejemplificó en el año 400. Sin embargo, por incomprensible que fuera renunciar a él, es todavía menos entendible que la iglesia lo pusiera en práctica. Es cierto, la teoría del amor total y la entrega de todas las posesiones seguía manteniéndose, pero no pudo impedir que la actitud de los cristianos hacia la propiedad ya no se pudiera distinguir de la de los no cristianos. La riqueza y el lujo se extendieron. A partir del siglo tercero, pertenecían a las iglesias cada vez más funcionarios civiles de altos rangos y oficiales del ejército, comerciantes de mercancías de lujo, mayoristas ricos y propietarios de grandes haciendas. Las diferencias económicas y las distinciones de clase ahora se cuestionaban tan poco que muy pronto la misma iglesia episcopal poseía esclavos y se hizo cada vez más y más rica. Solo nominalmente la propiedad de la iglesia pertenecía a los pobres. Tertuliano y Orígenes todavía tenían la influencia de los primeros años. Sostenían que las profesiones de juez (que es castigar) y soldado (que es matar) estaban fuera de discusión, pero los acontecimientos gradualmente llevaron (en el año 314) al castigo de los desertores mediante la excomunión. No hubo cuestionamientos ni escrúpulos de conciencia.[95]

Sin embargo, los sacrificios inherentes al legado del testimonio cristiano primitivo no fueron totalmente en vano. La iglesia institucional logró una moderación parcial del rígido concepto romano de propiedad y, aun más importante, la aceptación pública del concepto cristiano del matrimonio. La iglesia organizada contribuyó tanto a la desintegración gradual del imperio romano como a su nuevo crecimiento. Al mismo tiempo, fue dentro de la iglesia que el monasticismo alcanzó una vez más el «anarquismo» radical de la fe responsable solamente ante Dios. Como en la iglesia primitiva, la propiedad privada fue superada por el comunismo de amor, y el trabajo recibió un nuevo valor. El monasticismo fue simplemente un fenómeno tardío, el heroísmo de la fe cristiana primitiva se volvió unilateral y ultramundano. El tremendo movimiento monástico fue solo un ejemplo de lo que se ve recurrentemente en la historia de la iglesia organizada: toda su vida religiosa solo puede alimentarse de la época más primitiva cuando el poder del Espíritu se revela con libertad y autoridad.

Al refundir el cristianismo, la iglesia institucional se convirtió en un poder mundial reconocido, con un papel dominante en la historia mundial. A pesar de todas las desviaciones de los primeros tiempos de la revelación, ninguna iglesia o secta en la cristiandad ha olvidado por completo que el amor sigue siendo «el sacramento supremo de la fe, el tesoro de la fe cristiana».[96] Teniendo en cuenta el radicalismo de las sectas, la estrechez de los ejercicios de devoción monástica, y las vastas responsabilidades de las iglesias organizadas, Ireneo tenía razón al decir: «Lo que queda, como en el tiempo que ha pasado, es el supremo don gratuito del amor fraternal, que es más glorioso que el conocimiento, más maravilloso que la profecía, y más sublime que todos los demás dones de gracia».[97]

En el fuego del primer amor, en las muchas señales de la acción de Dios, la fuerza rica y primigenia del espíritu cristiano primitivo nos habla una vez más. Se pueden sentir aquí todos los momentos de poder y verdad característicos del cristianismo del Nuevo Testamento, incluyendo el comienzo de los desarrollos que posteriormente desembocaron en las iglesias organizadas. Además, una forma de vida y fe claramente definida surge de la manifestación de Dios en los tiempos del cristianismo primitivo. A pesar de la rigidez de los siglos posteriores y de los cambios que afectaron al cristianismo de entonces, este camino sigue siendo hoy una fuerza viviente. Proviene del manantial de la verdad viva y nunca puede convertirse en una mera imitación de las tradiciones externas.

Solo hay un criterio para este camino: el testimonio directo y espontáneo que el Espíritu mismo imparte de Dios y de Cristo. Es el testimonio de fe, hablándonos desde la experiencia apostólica y profética. El testimonio original de la iglesia nos debe llevar a todos, aunque en grupos muy diferentes, hacia la unidad y pureza de la luz perfecta. El período de la revelación original debe ser el punto de partida de cualquier diálogo entre las muchas iglesias, sectas y movimientos de nuestros días. El despertar y la unión de todos los que verdaderamente desean seguir a Cristo tendrá lugar en la fuente y no en otro lugar.

---

**Nota de los editores:** Este estudio, compuesto originalmente en alemán, es el capítulo introductorio de una antología de escritos recopilados de los cristianos primitivos. Ya que estos no se incluyen en la presente versión en español, recomendamos que el lector consulte por lo menos algunos de los textos citados en el estudio y sus notas que se encuentran adelante.

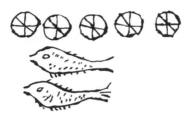

# *Notas*

1 En tanto la muerte de Cristo en la cruz —así como el objetivo y la naturaleza de su futuro— son el pilar de su camino, el sermón del monte enseña el nuevo camino de amorosa fraternidad como la realización del amor de Dios en el presente.

2 Ver Mateo 10, Marcos 6:2-11 y Lucas 9:1-6. A través de los siglos, esta gran comisión ha demostrado ser un desafío muy poderoso para seguir su camino. En los tiempos de la iglesia primitiva, enfrentaba a las personas con una decisión trascendental.

3 Ver Hechos 15; compare también Levítico 17, y los siete preceptos de Noé (obediencia a la autoridad; reverencia al nombre de Dios; abstinencia de idolatría, fornicación, asesinato y robo; y prohibición de consumir sangre), que, según el Talmud, se aplican a la gente que vivió antes y aparte de Abraham en todas partes, y a los «forasteros residentes que viven dentro del territorio de Israel».

Los panes y los peces se refieren a las dos veces que Jesús multiplicó panes y peces para alimentar a la multitud que lo seguía. En adición, el pan se asocia con la Pascua y la cena del Señor, y los peces con el mismo Jesús.

4 Ignacio, *Carta a los Efesios.*

5 Las mismas palabras se usan en *Hechos de Pedro / Vercelli Hechos* 37-39: «Solo esta cruz es la Palabra extendida... el Espíritu dice de la cruz, porque ¡qué más es Cristo sino la Palabra!... Las vigas de la cruz son la voz resonante de Dios... Los clavos mortales significan la conversión y el cambio de corazón... La Palabra es el árbol que da vida de la cruz... La cruz es el encuentro del hombre con el Espíritu, percibido solo por el Espíritu, para ser adorado solo con el silencio de la voz humana. El nombre de la cruz es el misterio oculto, la gracia inefable... No se puede esperar la redención sino por medio del despreciado y escarnecido nazareno, por medio de él, que fue crucificado, murió y resucitó».

*Los Hechos de Juan* 99 dan testimonio de la cruz, que mediante la Palabra une todas las cosas a sí misma, da origen a todas las cosas, y las comprime a todas en una sola. También el misterio de la danza en *Hechos de Juan,* se explica como una paradoja del sufrimiento de Cristo en la cruz. Compare a otras referencias al sufrimiento y la muerte de Cristo, cuando fue perforado, herido y colgado en un madero, y también su misión al expulsar demonios, como en *Hechos de Tomás* V.47. La fuerza del «cadalso de madera» se llama la fuerza vencedora para todos los que se la ponen, el poder victorioso que se ha asentado en el madero de la cruz. Era el único poder que puede dar salvación y sanación (*Hechos de Tomás* XIII.157).

6 El punto aquí es, como dice Pablo, que los creyentes son cruci-ficados con Cristo y resucitados con él. Ignacio expresa esto en su *Carta a los Esmirnenses,* y en el mismo pasaje confiesa que la

sangre de Cristo es el fundamento del amor. A los filadelfianos, Ignacio escribe sobre la participación en el sufrimiento de la sangre, es decir, en la muerte de Cristo. En su *Carta a los Esmirnenses* saluda en el nombre de Jesús a todos los que se reúnen en la unidad de Dios, que tienen por estar arraigados en su carne, sangre, sufrimiento y resurrección. Este sufrimiento y muerte en común, subrayado también en la carta de Ignacio a Policarpo, es la misma «comunión de la cruz» de la que dan testimonio todos los creyentes en Cristo hasta hoy, excepto que en aquellos tiempos esta comunión de sufrimiento era más real que en la actualidad, ya que de seguro implicaba la persecución y el martirio de sus seguidores.

7 Orígenes, *Contra Celso* VI.34. Celso explica que la creencia cristiana en recibir vida y resurrección de una cruz de madera se origina en el hecho de que su Maestro fue clavado en una cruz y de que era carpintero de oficio. Celso añade: «Si él hubiese sido arrojado desde un roquedal, o tirado a un abismo, o ahorcado con una soga... ellos pondrían en la cima de los cielos una roca, [y hablarían de] la roca de la vida, o el abismo de la resurrección, o la cuerda de la inmortalidad», ver Celso, *El discurso verdadero contra los cristianos* (Introducción, traducción y notas de Serafín Bodelón), Madrid: Alianza, 20093, p. 123; Orígenes, *Contra Celso* (Introducción, versión y notas de Daniel Ruiz Bueno), Madrid, Católica, 1967, (Biblioteca de Autores Cristianos), pp. 417-420.

8 Luciano, *Sobre la muerte de Peregrino* II. Luciano, un poeta pagano y filósofo cínico del siglo segundo, era un enemigo de los cristianos.

9 Tomado del *Testamento Siríaco de Nuestro Señor Jesucristo y la Didascalia* árabe (*Didascalia et Constitutiones Apostolorum,* F.X. Funk, ed., Paderborn, 1905, vol. 2), capítulo XXXIX, donde se introduce como *mystagogia Jesu Christi. El Testamento Siríaco* I.28 habla de la cruz de Cristo que logra la victoria sobre la muerte y resulta en las alarmantes preguntas del diablo vencido y la respuesta de los iniciados: «¡Aquí está Cristo, el crucificado!». Compare la Oda de Salomón 22.

10 Ver la Oda de Salomón 22.

11 Ver la Liturgia oriental de Santiago, p. 33; la Liturgia de Marcos, y la Liturgia Abisinia, p. 218 en F. E. Brightman, *Liturgies Eastern and Western.* Ver también la llamada «Liturgia Clementina» en las *Constituciones apostólicas,* y el *Testamento Siríaco de Nuestro Señor.*

12 Citado por Wetter en Brightman, p. 452 (Liturgia Armenia), y muchos otros lugares (por ejemplo en las *Constituciones apostólicas* VIII, Liturgia Clementina, después del Salmo 118:26) y señalada como extremadamente antigua. La obra de Wetter, basada en la investigación litúrgica, aporta material excelente sobre el culto original de Jesús y sobre la experiencia de su presencia en la iglesia. Sin embargo, pasa por alto el punto principal, o en todo caso lo minimiza, a saber: que esta fe en el poder de Cristo presente entre ellos, fe en el poder de la cruz, la resurrección y la venida de Jesús, era posible solo porque los primeros cristianos creían en la realidad histórica de Cristo Jesús, y porque para ellos el Espíritu Santo era una realidad.

13 Compare el informe de Plinio al emperador Trajano. La comparación entre los que están atados a la cruz (los cristianos unidos al crucificado) y Ulises se incluye como procedente de los tiempos cristianos más antiguos en *Histoire de Rome et des Papes* de Grisa, París, 1906, ilustración 131. Ver W. Lowrie: *Art in the Early Church,* ed. rev., NY, 1965, p. 75, lámina 23, ilustraciones a y b.

14 Tertuliano, *Apología* 39. Con base en algunas de las liturgias más antiguas, Wetter demuestra que estos dones representaban uno de los aspectos más importantes de la cena del Señor y de la comida comunitaria en los tiempos del cristianismo primitivo. Ver en Brightman la Liturgia Abisinia, pp. 199, 203; la Liturgia Cóptica, p. 145; y otros. Ver también las Liturgias Siríaco Bizantinas, pp. 54, 58, 89, 97, 99, 444; y la Liturgia Nestoria, Eusèbe Rénaudot, ed., vol. 2, p. 636, particularmente la Liturgia Romana.

15 Ver los manuscritos Parasinus 974.

16 Hipólito, *La tradición apostólica* 28, , B. S. Easton, p. 52.

17 Ireneo, *Contra las herejías* IV.17.4-5.

18 Orígenes, *Contra Celso* VIII.28, 33, 34.

19 Ver Wetter, *Altchristliche Liturgien,* vol. 2, pp. 101-102.

20 A. Harnack, *The Mission and Expansion of Christianity in the First Three Centuries,* en adelante citado como Harnack ET (English Translation), vol. I, pp. 401 ss. Él enfatiza que según el Antiguo Testamento, los «pobres» era una designación de distinción. Posteriormente se aplicó a la estrecha secta judeocristiana de los ebionitas, «los llamados a la pobreza».

21 Aquí (A Donato 4) Cipriano glorifica el Espíritu que fluye con libertad, que no puede ser refrenado por ninguna barrera ni límite, sino que fluye perpetuamente con plena exuberancia, mientras el corazón esté dispuesto y sediento de él.

22 Orígenes, *Homilía XV sobre Génesis VIII,* citada por A. Harnack, *Die Mission und Ausbreitung des Christentums in den ersten drei Jahrhunderten,* vol. 1, p. 220.

23 Macario Magnes, *Apocriticus* III.17, Fragmento de Porfirio núm. 95 en la edición de Harnack. Compare el testimonio de Cipriano tras su conversión (A Donato 4): «De repente, de manera maravillosa, lo que había estado incierto se volvió seguro, lo que había estado cerrado se abrió ante mí, lo que había estado oscuro se iluminó, lo que parecía difícil ahora resultó fácil, lo que parecía imposible se hizo posible».

24 Macario Magnes, *Apocriticus* IV.19, en Porfirio (*Contra los cristianos*) *gegen die Christen,* 15 Bücher. (citado por by Harnack en «Zeugnisse, Fragmente und Referate», *Abhandlung der Preuss. Akad. der Wissenschaften,* núm. 88, p. 97, 1916). Sin embargo, Porfirio sostiene que el propósito de su propia filosofía es la sanación del alma. Para la experiencia cristiana compare a Cipriano (*A Donato* 3): «Cuando todavía estaba languideciendo en oscuridad y en la noche negra y me movía en el mar abierto de este mundo azotado por la tormenta... Consideraba improbable, especialmente cuando consideraba mi propio carácter en ese momento, que un hombre naciera de nuevo... me pregunté: ¿cómo es posible una transformación tan tremenda, que de repente una persona se libere de todo lo que es innato y endurecido o que se ha arraigado a fondo mediante un hábito prolongado?».

25 Justino, *Primera apología* 61.

26 Ver *Segunda Carta de Clemente* 6.9: «Si no mantenemos nuestro bautismo puro y sin mancha, ¿cómo podemos estar seguros de entrar al reino de Dios?».

27 En este contexto debemos tener en cuenta lo dicho al principio de la *Didaché,* sobre los dos caminos que llevan a la vida y a la muerte, sobre amar a los enemigos, sobre rendir todas las posesiones, y sobre una vida conforme al sermón del monte. Puede ser que toda la *Didaché* deba considerarse como una instrucción bautismal. En cuanto al entrenamiento para la nueva vida durante este período de instrucción, cabe destacar los comentarios de Orígenes (*Contra Celso* III.51): «A los individuos se les instruye como oyentes, y solamente cuando han demostrado ampliamente que quieren llevar una buena vida se les admite en la comunidad. Se designan algunos cristianos para cuidar y observar sus vidas y evaluar la conducta de los que quieran unirse a ellos. Se niegan a aceptar en la comunidad a los que se han vuelto culpables de malas obras, mientras que aceptan a otros con gran alegría, haciéndolos mejores día tras día»; ver también Orígenes, *Contra Celso* (Introducción, versión y notas de Daniel Ruiz Bueno), Madrid, Católica, 1967, (Biblioteca de Autores Cristianos), p. 216.

28 Harnack ET, vol. I, p. 388, cita a Tertuliano, *Apología* 18: «Los hombres se hacen, no nacen cristianos», y sobre el *Testimonio del alma* I: «El alma cristiana siempre se hace, nunca nace en forma natural». A los hijos de las familias cristianas, Tertuliano simplemente los llama «miembros de la familia» o con más exactitud: «esclavos domésticos» de la iglesia (*Sobre el alma*

51). Justino (*Primera apología* 65, escrita alrededor del 150) dice: «Solamente el que está convencido y ha dado su consentimiento debe ser bautizado». Pero ya en la época de Hipólito, un líder prominente en los años 217-235, el bautismo de infantes se daba por sentado: los padres u otros familiares hablan por los que no pueden hablar por sí mismos (*La tradición apostólica* 21.4 Easton, p. 45, año 218).

29 Este contraste entre la vieja y la nueva vida no se describe en ninguna parte de manera más vívida, íntima y contundente que en la *Carta a Donato* de Cipriano, donde habla del cambio revolucionario que tuvo lugar en su propia vida. En los párrafos 3 a 5 Cipriano hace hincapié en su búsqueda de ese poder que lo salvaría de la inmundicia desesperada de sus primeros años. Cipriano, *A Donato* 4: «Con la ayuda del agua vivificadora del bautismo se lavó la inmundicia de los años pasados. La luz de lo alto fluía en mi corazón purificado y reconciliado, después de haber respirado en el espíritu celestial. A través del segundo nacimiento fui transformado, hecho un hombre nuevo». Cipriano, *A Donato* 5: «Oh poderoso poder del Espíritu, oh maravillosa fuerza con la que uno es arrancado del contacto pernicioso con el mundo, purificado y redimido, liberado del peligro de ser contaminado por el agresivo enemigo, pero todavía creciendo en fuerza y pureza, capaz de comandar a todo el ejército del furioso adversario con autoridad imperial».

30 Orígenes, *Contra Celso* III.55, 56; Cipriano, Epist. 2; Tertuliano, Apología 42.

31 Ver la *Enseñanza de los doce apóstoles* 12.4; *Homilías Clementinas* 8 (citado en Harnack ET, vol. I, p. 175).

32 *Didascalia* XIII (ver también la traducción inglesa de R. H. Connelly, pp. 128-129).

33 *Pastor de Hermas,* 6.5-7.

34 Juan 13:35.

35 Luciano el pagano, *en Peregrino* 13, describe cómo los cristianos ayudaban a los prisioneros.

36 Ver Justino, *Primera apología 67.*

37 Macario Magnes, *Apocriticus* III.5, Fragmento de Porfirio núm. 58 en la edición de Harnack, p. 82. Harnack ET, vol. 2, pp. 74-75.

38 Ver *Didascalia* XV; ver también Connolly, p. 138.

39 Juliano, Sozomen, V.17; ver también Harnack ET, vol. 1, p. 162.

40 Tertuliano, *A su esposa* II.4.

41 El obispo Cornelio en Eusebio VI.43. Harnack, en su edición de 1924, *Mission und Ausbreitung,* p. 183, estimó que la iglesia en Roma gastaba anualmente grandes cantidades de dinero en ayuda para los pobres. Ver Harnack ET, vol. 1, p. 157. En el preámbulo de su carta a los romanos, Ignacio dice que Roma «presidía en obras de amor».

42 Tertuliano, *A su esposa* II.4.

43 Harnack, *Texte und Untersuchungen* II, p. 24.

44 Los hermanos y hermanas que servían las mesas tenían a cargo la supervisión de las dádivas ofrecidas en la cena del Señor y la comida comunitaria, con la tarea de distribuirlas entre los pobres. De este modo se mantenían unidos el servicio de las mesas en las reuniones y el servicio a los pobres de la ciudad.

45 En las *Cartas* de Cipriano. Especialmente en la *Carta 62*, en *Ante-Nicene Fathers,* vol. 5, pp. 355-356, Cipriano explica cómo los cristianos «libres» sentían dolor por el encarcelamiento de sus compañeros miembros, que lo veían como su propio encarcelamiento. El «deber de la fe» los impulsaba a rescatar a esos prisioneros, porque en cada hermano sufriente veían a «Cristo mismo».

46 Tertuliano, *A su esposa* II.4.

47 Uno podría estar de acuerdo con el derecho de un cristiano a ocupar un alto cargo, en el que estuviera facultado para decidir sobre los derechos civiles de una persona, con tal de que no condenara ni castigara a nadie, ni le causara ser arrestado, encarcelado o torturado (Tertuliano, *Sobre la idolatría* 17).

48 Tertuliano, *Sobre la idolatría* 12: «La fe no teme al hambre» (Harnack, *Texte und Untersuchungen* 42, 2 y 4, pp. 117 ss.). Según Orígenes, ningún cristiano puede ejercer el poder de la espada contra nadie.

49 Orígenes (*Contra Celso* III.29-30) afirma que la iglesia de Jesús tenía una *politeia* diferente, una concepción de la ciudadanía distinta a la de los adoradores de demonios. Los cristianos eran extranjeros entre la población, pero incluso sus miembros más humildes y menos dignos eran mucho más «sabios» que los paganos. Debido a su conducta moral, sus supervisores y consejeros —incluso los menos perfectos— eran moralmente superiores a los concejales y gobernantes de las municipalidades existentes.

50 Justino y Orígenes.

51 Tertuliano, *Sobre la idolatría* 1.

52 Ver Tertuliano, *Apología* 21. Para las próximas líneas, ver
Tertuliano, *Apología* 30. Allí el emperador es «segundo solamente después de Dios, pero está antes y por encima de todos los
dioses». Ver también Harnack ET, vol. I, p. 298.

53 Eusebio III.37.3.

54 Tertuliano, *Sobre el alma* 9. Ireneo cuenta que él mismo, en
reuniones de la iglesia, escuchó las palabras de muchos hermanos
que tenían dones proféticos: a través del Espíritu hablaban en
varias lenguas, revelaban cosas ocultas, y manifestaban los misterios de Dios (Ireneo, *Contra las herejías* V.6.1). En el *Testamento
de Job,* pp. 48 ss., leemos sobre una mujer cristiana que recibió un
corazón nuevo y elevó un himno de alabanza a Dios a la manera
de los ángeles. (Ver M. R. James, «Apocrypha Anecdota» en
*Texts and Studies,* vol. 5. p. 135).

55 Descrito en *Apophthegmata Patrum,* Migne, *Patrologie Graeca* 65,
p. 276, como una experiencia de Macario de Egipto. En la oración
siguiente del texto la descripción de las formas que adquieren
los demonios proviene de Epifanio, *Panarion* 80, y Timoteo de
Constantinopla: «De receptione haereticorum» (ver Cotelier,
*Monumenta Ecclesiae Graecae,* vol. 3, p. 401, «Tradition of the
Messalians»).

56 Descrito por el monje egipcio Serapión en *Apophthegmata
Patrum,* 65, pp. 313 ss.; similar en *Historia Lausiaca* 37 (ed. C.
Butler, *Texts and Studies* 1-2, 1904, p. 109), y en Ireneo, *Contra
las herejías* II.31.2, donde habla de la resurrección de un hombre
muerto mediante la proclamación de la verdad.

57 Clemente de Alejandría, *What Rich Man Can Be Saved?* 42 (¿Qué hombre rico puede ser salvo?), en Eusebio III.23.6-19.

58 *Mystagogia*, en *Testamento de Nuestro Señor; Hechos de Pedro* 39: «Doy gracias no con estos labios ni con esta palabra pronunciada por la habilidad de la naturaleza terrenal; sino te doy gracias a ti, oh Rey, con esa voz que solo se escucha en silencio. No se escucha audiblemente. No proviene de ningún órgano corporal. No entra por ningún oído natural, ni se escucha por nada corruptible. No pertenece a este mundo, pues no se habla en esta tierra. Pero te doy gracias, oh Jesucristo, con esa voz que es el silencio de la voz. Encuentra el Espíritu dentro de mí, que te ama, te habla y te ve. Solo se te percibe por el Espíritu».

59 *Hechos de Pedro* 2.

60 *Hechos de Tomás* VI.51.

61 Orígenes, *Sobre la oración* 28.

62 1 Corintios 12:28.

63 Clemente de Alejandría; Pseudo-Clementina, *Dos cartas sobre la virginidad* I.11; *Pastor de Hermas*. Tertuliano considera a los maestros como portadores del Espíritu y por tanto cercanos a los mártires (*Sobre la prescripción de los herejes* 3 y 14).

64 Tertuliano, *Sobre el arrepentimiento* 10. Compare con el *Pastor de Hermas*, y la *Segunda Carta de Clemente;* también Papías y Clemente de Alejandría. Según todos estos, en la época de los primeros cristianos solo dos cosas se llamaban «iglesia» (compare también Harnack y Sohm): en primer lugar, la iglesia de Dios como objeto de fe; en segundo lugar, la iglesia individual

y responsable de forma independiente. La iglesia, viviendo en Dios, toma forma sobre la tierra en iglesias individuales según la medida de su fe.

65 *Primera Carta de Clemente* 48; Bernabé 4.10.

66 *La Enseñanza de los doce apóstoles* 4.2; Justino, *Primera Apología* 67.

67 Esta confesión de fe, evidentemente la más antigua, puede leerse de arriba abajo pero también de izquierda a derecha, esto se nota para subrayar el significado de sus partes individuales y su interacción mutua:

Creo

| | | |
|---|---|---|
| en Dios | el Padre | Todopoderoso |
| en Jesucristo | el Hijo | Nuestro Señor |
| en el Espíritu Santo | la iglesia | la resurrección de la carne |

68 Orígenes, *Homilía* II.10 *sobre Números.* Compare Harnack, *Über den privaten Gebrauch der heiligen Schriften in der alten Kirche,* 1912; Taciano, *Discurso contra los griegos* 29; Justino, *Diálogo con Trifón el judío* 7, 8; y Proclamación de Pedro en Clemente de Alejandría, *Misceláneas* VI.15. Según Tertuliano (*Apología* 46), el testimonio cristiano demuestra que es verdadero por lo siguiente: primero, la antigüedad de los escritos divinos y la evidencia de fe que contienen; segundo, el reconocimiento de Cristo por los poderes demoníacos derrotados. En otras palabras, la fe en la verdad de la antigua Biblia y en el poder de Cristo sobre los demonios tenía un significado crucial y convincente para Tertuliano.

## Es testimonio de la iglesia primitiva

69 Taciano, *Discurso* 29: «Mientras reflexionaba seriamente lo que produce el bien, llegaron a mis manos algunos escritos bárbaros más antiguos que la enseñanza griega y divinos comparados con las falacias griegas. Lograron convencerme». Taciano da testimonio aquí del impacto convincente de la Biblia, como se menciona en la p. 28 arriba. Ver también la Proclamación de Pedro en Clemente de Alejandría, *Misceláneas* VI.15: «Cuando abrimos los libros de los profetas y reconocemos todo lo que estaba escrito en ellos, llegamos a tener fe en Dios».

70 Los «dichos» del Señor —las palabras de Jesús o que se le atribuyen a él— tuvieron una autoridad singular en las comunidades cristianas antes de la formación del canon del Nuevo Testamento. No se incluyen en el Nuevo Testamento, pero se consideraron pronunciados por él en ese tiempo. Papías probablemente escribió su obra en cinco volúmenes: *Exposición de las palabras de Jesús,* antes de mediados del siglo segundo y podía abogar por su autenticidad con base en su conocimiento de primera mano de sus fuentes. Papías había hablado con personas que habían escuchado a Andrés, Pedro, Tomás, Santiago, Juan, Mateo y otros discípulos, al igual que Aristión y Juan (ver el prefacio de Papías en Eusebio III.39.3 ss.).

71 Luciano, *Sobre la muerte de Peregrino.* El reconocimiento de que las mujeres también fueron bendecidas con el don de profecía y podían cumplir la función de profeta se confirma en la versión copta de los Hechos de Pablo, donde se mencionan dos profetisas. Incluso Orígenes señala que Débora, uno de los jueces de Israel, era profeta y mujer: «Esta gracia se determina solo por la pureza

de mente, no por una diferencia de género» (Orígenes, *Homilía*
V.2 *sobre Jueces* 11).

72 Orígenes, *Contra Celso* VII.9, 11. Ver Celso, *El discurso verdadero*
*contra los cristianos* (Introducción, traducción y notas de Serafín
Bodelón), Madrid: Alianza, 20093, pp. 132-133; Orígenes, *Contra*
*Celso* (Introducción, versión y notas de Daniel Ruiz Bueno),
Madrid, Católica, 1967, (Biblioteca de Autores Cristianos),
p. 468.

73 Orígenes, *Primeros Principios* II.8.5. La multitud de creyentes
representa el cuerpo de Cristo. Los apóstoles son el alma de este
cuerpo. Por ello Orígenes llama a los apóstoles «reyes» (*Homilía*
XII.2 *sobre Números* 10). Clemente de Alejandría incluso los
llama «salvadores de la humanidad» (*Eclogae propheticae* 16).
Compare *Pistis Sophia* 7, donde los apóstoles son vistos exagera-
damente como doce salvadores del tesoro de la luz, es decir, los
que salvan al mundo entero.

74 Grenfell y Hunt, *Oxyrhynchus Papyri*, I.5, pp. 8-9. Ya en el año
200, Serapión de Antioquía (en Eusebio V.19.2) escribió sobre el
poder de vivir en un orden «profético» claramente definido.

75 Eusebio I.13.

76 Eusebio III.37.

77 Harnack, *History of Dogma* vol. 1, pp. 157-163.

78 Orígenes y Eusebio sabían de mujeres apóstoles en el siglo
segundo. En *Hechos de Pablo* una mujer llamada Tecla era consi-
derada apóstol.

79 Ver Orígenes, *Contra Celso* I.6; Ireneo II.31.2; y Justino, *Segunda Apología* 6, *Diálogo con Trifón* 30, 85; ver también Tertuliano (*Apología* 23-27, 37) y Taciano (*Discurso contra los griegos* 7-18).

80 Justino, *Segunda Apología* 6: «El Hijo de Dios se hizo hombre para destruir a los demonios». Ver también Tertuliano, *Apología* 23; Pseudo-Clementina, *Dos cartas concernientes a la virginidad* I.12.

81 Cipriano, *A Donato* 5.

82 Tertuliano, *Apología* 46.

83 Tertuliano, *Apología* 27; Taciano, *Discurso contra los griegos* 16.

84 Cipriano, *A Demetriano* 15; ver también *A Donato* 5.

85 Ireneo, *A Florino,* en Eusebio V.20.7.

86 Ireneo III.3,4; Eusebio IV.14.7.

87 Ireneo III.3, 4; Eusebio III.28.6; IV.14.6.

88 Ireneo IV.33.8.

89 Teodoro de Mopsuestia, *Commentary on 1 Timothy,* H. B. Swete, 1882, pp. 121 ss., ver Harnack ET, vol. 1. pp. 445-446.

90 Tertuliano, *Prescripciones contra todas las herejías* 20; *Sobre la modestia* 21. Incluso los apóstoles reconocían que su autoridad para perdonar pecados dependía del don del Espíritu Santo. Compare a Orígenes, *Sobre la oración* 28.

91 En el año 375 un presbítero romano publicó *Quaestiones Veteris et Novi Testamenti* (93, cap. 2, pp. 163 ss.) así como un comentario sobre las cartas de Pablo. Ver la edición de Souter, Viena, 1908.

92 C.F. Arnold, *Die Geschichte der alten Kirche* 18, 6, p. 95; particularmente en F. Wieland, *mensa und confessio: Studien über den Altar und altchristlichen Liturgie,* 1906; *Der vorirenäische Opferbegriff,* 1909; y *Altar und Altargrab der christlichen Kirche im vierten Jahrhundert,* 1912; Emil Dorsch, *Der Opfercharakter der heiligen Eucharistie,* 1909. El altar sagrado se desarrolló solamente en el transcurso del siglo tercero. Antes de ese tiempo, por lo tanto, no existía una iglesia en el sentido de un edificio consagrado. Tertuliano, Hipólito, Clemente de Alejandría, Minucio Félix, Orígenes y Cipriano fueron los primeros en mencionar habitaciones o edificios reservados para el culto. Ver Clemente de Alejandría, *Misceláneas* VII.5; y *Hechos de Justino Mártir.*

93 Ver documentación en Wetter, *Altchristliche Liturgien.*

94 Tertuliano, *Prescripciones contra todas las herejías* 44; Eusebio IV.22.

95 El tercer canon del importante Sínodo de Arles declara: «los que deponen sus armas en tiempos de paz serán excluidos de la comunión». En contraste, el emperador Constantino (*Vita Constantini* II.33) concedió a los exsoldados «libertad y paz» si optaban por profesar su religión más que mantener su rango militar.

96 Ver Tertuliano, *Prescripciones contra todas las herejías,* 20.

97 Ireneo IV.33.1, 8.

## *Acerca del autor:*

Eberhard Arnold (1883–1935) estudió Teología, Filosofía y Ciencias de la Educación en Breslavia, Halle y Erlangen, donde recibió su doctorado en 1909. En 1920, alentado por el deseo de poner en práctica las demandas del sermón del monte, Eberhard y su esposa Emmy dieron la espalda a su Berlín de clase media, así como a una promisoria carrera de escritor y orador público, y se mudaron con sus hijos a Sannerz, una pequeña aldea alemana. Allí, junto con un puñado de buscadores inspirados en los primeros cristianos y con quienes compartían las mismas ideas, fundaron un

En el arte cristiano primitivo, Jesús solo se representaba de manera simbólica hasta por lo menos el año 500 d.C. El buen Pastor (Juan 10:11-18) es un símbolo de Jesús.

movimiento comunitario que ahora se conoce como el Bruderhof.

Para saber más de Arnold, su vida y su obra, visite *www.eberhardarnold.com.*